納めざる者たち

悪質高額滞納者と徴税吏員との攻防365日!

徴収アドバイザー
篠塚　三郎

はじめに

この本に書かれているのは、※滞納整理《たいのうせいり》の物語だ。

滞納整理とは、読んで字のごとく、滞納を整理すること。滞納された税金を徴収し、滞納を一つずつ片付けていく仕事のことだ。

その仕事に携わるのが、我々、※徴税吏員《ちょうぜいりいん》。

そして、その相手となるのは、言うまでもなく滞納者だ。

この滞納者には、実にいろんな人たちがいる。なかには、とんでもない輩もいるものだ。

ヤクザもの、悪徳商法の黒幕、有名企業社長、風俗店の経営者、有力政治家の一族…。

悪質な滞納者に限って、ひと癖もふた癖もある、一筋縄じゃいかない連中が、常習者として名を連ねる。我々の仕事とは、こういった魑魅魍魎《ちみもうりょう》と渡り合うこと、これが常につきまとうものなのだ。

そして、その現場には、実に様々なドラマが展開する。

海千山千との大立ち回り、謀略に満ちたサスペンス、人情味溢れる浪花節。

欲望が、金が、権力が、駆け引きが、ヒューマニズムがそこには溢れ、渾然一体となり、渦巻いているのだ。

滞納整理
期限までに税金が納付されないと、督促状を出し、催告書、差押予告書を出し、それでも納付されないと財産調査から差押えなどが行われる。これらの一連の手続きをいう。

滞納
納期限までに税金を払わないこと。

徴税吏員
地方団体の長が有する賦課徴収権の委任を受けた地方団体の職員。委任を受けられるのは正規の職員のみ。

それは物語として、税務関係者だけでなく、一般読者が読むにも耐えるものだと確信している。時に驚きをもって、時に共感をもって、時に問題提起として、読者の方々に何らかの感慨をもたらすものではないだろうか。そう考えるに至り、この本を出版すべく、筆を執った次第だ。

全編は、私が、神奈川県の徴税吏員として34年間勤務し、その間に赴任した県内各地の県税事務所《※けんぜいじむしょ》で体験した事実に基づき構成されている。その事実を下敷きとし、架空の人物、架空の設定により再構成されたフィクションだ。

ご一読いただき、徴税吏員の素顔を、苦悩を、誇りを、思いを感じ取っていただければ、この上なく幸いと思う。

なお、物語を読む助けとすべく、簡単に私自身を紹介させていただこう。プロフィールと合わせてご参照いただきたい。

現在、私は、自治大学校講師を務め、徴収アドバイザーとして、全国各地に足を運び、自治体等で、滞納整理の指導、講演等を行っている。

ここに至るには、神奈川県の徴税吏員としての実績が前提としてあった。神奈川県では、元来、この仕事が性に合っていたのか、おかげ様で人様に胸を張れるような実績を残すことができ、「伝説の徴税吏員」などと言ってくださる方もいる。全国的にも名前を知られることとなった。

そして、そこに至るまでにも、また、長い道のりがあった。

県税事務所
税には、国の税金、県の税金、市町村の税金があり、県の税金を扱うのが県税事務所。

私は、昭和15年8月に、茨城県土浦市で8人兄弟の7番目として生を受け、高校時代までをそこで過ごした。父はサラリーマン、母は農業を営んでいた。高校時代には、様々なアルバイトを経験した。駅弁売り、キューピット人形作り、年賀状の配達、キャディ、野球の審判、バーデンダー等々。

高校卒業後、上京し、NECに勤めながら、法政大学の夜間部に通った。この頃は苦境時代で、食事に事欠くことさえ多々あった。色々な方に助けられて今がある。

大学を卒業後は、NECを退職し、幾多の職を経る。この時代、そして高校時代でのアルバイトの経験が、後の徴税吏員の仕事に生かされたように思う。

神奈川県庁へは、昭和41年に入庁。当初は、法人事業税《※ほうじんじぎょうぜい》・法人県民税《※ほうじんけんみんぜい》の課税を担当した。入庁7年目の横浜県税事務所時代、ふとしたことで、上司と衝突、これがもとで、誰もが配属を嫌がる、『高額滞納整理班』へと左遷されることとなった。高額滞納者は、海千山千のツワモノばかり。周囲からは、『将来の出世は絶望的』なんてことまで言われるような苦境に陥った。

ところが、これこそが、私にとり、運命の仕事との出会いであった！　先輩たちが、書き残した滞納整理の経過記事のなんとも面白いこと！　財産調査の状況、財産の差押《※さしおさ》え、滞納者との折衝記事、どれをとっても、事実は小説より奇なり。半ば感動した状態であった。

法人事業税
営利事業を行っている法人に課される県税。

法人県民税
自然人と同じように、法人でも行政サービスを受けることに着目して課される県税。

差押え
特定の物または権利について、私人の処分を禁止する権力行為。督促状を発布して10日経過する日までに納付が無いと滞納者の財産を差押えしなければならないことになっている。

左遷されたばかりの私に対する周囲の目は、一部の人を除き、なんとも冷たいものであり、直属の上司の嫌味、周囲の人々の嫌がらせは連日続いたが、それを尻目に、全ての整理記事を読み、これから、何をすべきかを考え、整理した。一応の整理ができるまで、約3ヶ月を要し、これに基づき方針を立て活動を開始した。

そして、この物語が始まる！

納めざる者たち
悪質高額滞納者と徴税吏員との攻防365日！

CONTENTS

目次

納めざる者たち
悪質高額滞納者と徴税吏員との攻防365日！

納めざる者たち
悪質高額滞納者と徴税吏員との攻防365日！

○第１話

世間を騒がせた大ネズミ
悪質マルチの末路

事実は小説より奇なり、悪銭身につかず、とはこのことか。

結末の舞台はアメリカ。サンフランシスコ国際空港から郊外へ向かうハイウェイの、濡れて黒光りするアスファルトの路面の上。無数のパトカーがけたたましいサイレンを鳴らし、現場に駆けつける。あわただしく駆け回るファイアーマンたち、そして救急隊員。騒ぎの中心には、大破した1台のタクシーが惨たらしい残骸をさらし、圧倒的な力の差を見せ付ける、山のような1台の大型トレーラーが覆いかぶさる。

タクシーのひしゃげた後部座席から運び出されたのは一人の日本人男性。この物語の主人公である。かつて列島を騒がせた、悪名高き「悪質マルチ商法」。欲望が欲望を生み出し、その欲望の頂点に君臨した大ネズミ。A社の社長S氏その人である。

押し寄せる債権者、被害者、警察、そして徴税吏員の手を逃れ、最後に残ったなけなしの金を手に高飛びするも、その行く手は一人のアフリカ系アメリカ人の労働者の手によって阻まれた。その後十数年、植物状態で帰国した後も、二度と日本の地をその目で見ることはできなかった。哀れな末路。

ことの次第はこんな話であった。

忘れもしない、昭和49年。高度経済成長真っ只中の世間を騒がす、一連の報道が列島を走った。悪質マルチ商法により巨万の富を得たA社。そのおびただしい被害者が続出しているというものである。A社のやり方はおよそこのようなものだった。例えば６００円の商品を１万円で売りつけ、買った者は会員となる。会員となった者はまた別の者に同じ商品を売りつけ、会員を増やせば配当がもらえ、増やせば増やすほど、多くの配当がもらえる。また、商品は１個につき１口とカウントされ、口数が多ければ多いほど同様に配当が多くもらえる。上層部ほど多くの利益が享受でき、その最大の利益を吸い上げるのがA社、そしてS氏というピラミッドを形成した。A社が扱った商品は自動車のエンジンの燃焼効率を良くするという添加剤だった。

ただし、この仕組みがうまく行くためには、永遠に会員が増え続けなければならない。当然ながら、無理な話である。結果として膨大な商品を抱え込んで泣き寝入りする被害者が続出。主婦や大学生、果ては高校生まで見境なくターゲットとし犠牲となった。そこに来て、当時の通産省の実験による「添加剤には効果なし」の判定。加入者は、「騙された」と大騒ぎを始め、道路に添加剤を捨てる者、中には自殺する者も出るなど大きな社会問題へと発展していった。当然ながら、A社はこの騒ぎを境に急速に崩壊を始めていた。

県税のGメンともいうべき横浜県税事務所、納税課・特別滞納整理班《※とくべつたいのうせいりはん》のわれわれ職員一同は、薄汚れた事務所の一角で、大いに危機感を持ってこの一連の報道に目を光らせていた。A社の本社ビルがあるのは神奈川県横浜市中区山下町、つまり我々の管轄である。徴

特別滞納整理班
高額事案、特殊事案など特別な滞納事案を担当し滞納整理にあたる係。

税吏員の思考回路として当然のことなのだが、前年好調だった会社が、今年業績不振となれば、その延長線上にあるのは間違いなく滞納だ、という読みである。[※1]毎年の納税額というものは前年の業績で決まる。前年の莫大な利益に応じた税額は、地に落ちた今年の業績では厳しい負担となる。成長が急激で、衰退が急激であるほど、この原理は顕著に働く。3月の決算、5月の申告、いざ蓋を開けてみると、やはり予想通り。滞納どころか支払われる気配すらない。滞納額は、法人事業税、法人県民税の法人二税をはじめとしておよそ2億円。

「これは急がなければならない」

徴収するのは神奈川県だけではない。すでに、東京都税事務所か[※]国税局《こくぜいきょく》だったろうか、差押えの動きすらあった。読者の方々は意外に思われるかも知れないが、税金というものは国、都道府県、市町村とそれぞれ別々に動いているものであって、別々に徴収し、[※2]互いの連携というものは全く存在しない。差押えでさえ同じである。いざ、押さえるとなれば早い者勝ちだ。待っていれば取れなくなるのは、生存競争厳しい世の常である。

そこで[※]繰上徴収《くりあげちょうしゅう》の手続きを取ることにした。繰上徴収とは文字通り、倒産などの場合に[※]納期限《のうきげん》まで待たずに徴収するというもの。申告されて納税がない場合、すぐに差押えでもなんでもやって良いというものである。

作戦はこうであった。まず、納税課そして他の課からも職員を60人ほど、かき集められ

※1
法人の場合、決算期ごとに課税されるが、殆どの法人が4月1日～3月31日までの決算期であり、前年の業績で決まることになる。

国税局
全国に11箇所あり、国税庁の指導の下、管轄区域内の税務署の賦課徴収事務について指導監督を行う。

※2
税金は、国・都道府県・市町村で別々に課税する。滞納になると各団体は債権者として競合することになるので、連携することはない。

繰上徴収
納期限まで待っていては、税の徴収が出来なくなる恐れがあるときは、期限の利益を取り上げて徴収できるということ。

るだけかき集め、A社の本社ビル、倉庫、銀行等々、あらゆる財産の集まる要衝に配備する。全権大使である私は、本社ビルに数人の仲間と共に乗り込み、経理担当者Tに面会。まず午前10時に「繰上徴収通知書」を手渡し、10時30分までに支払わなければ差押えを断行すると最後通牒を突きつける（10時の10時30分なので当然のことながら無理なのである）。この経理担当者Tがまた曲者だった。年の頃45～6歳ほどの、一見、働き盛りナイスミドル風といったところだろうか。表向きは、悪事など働きそうにない、実に紳士的な手合いなのである。おそらくは、急成長したA社の金回りをやりくりすべく、S氏がどこからか、一流どころの経理マンくずれを、高給を餌に探してきたのだろう。こちらの差し出す繰上徴収通知書を、こともなげに手に取ったかと思うと、一通り目を通して、少々ふてくされた顔で無造作にデスクの上に放り投げた。双方にらみ合いのまま刻一刻、時は過ぎる。張り詰めた空気。規則正しく刻み続ける秒針の音。やがて期は熟した（30分だが）。腕時計は約束の10時30分を指すが、支払いは当然の如くないのである。いざ、行動開始。ニイタカヤマノボレ。全職員に作戦断行の指令を出す。

今でこそ、やれ携帯電話だ、やれ電子メールだと、一斉送信とやらは容易にできるが、当時は、通信といえば、ダイヤル電話が主役の時代。60人の人員の中には、連絡要員もかなりの数含まれていて、彼らが一斉に公衆電話に走り、ダイヤルを回した。

連絡を受け取った職員が一斉に銀行口座、倉庫に残る商品、膨大な書類と押さえて行っ

納期限
督促状の納付期限は発布してから11日目で、12日目から差押えが可能となる。

た。が、しかし、財力はもはや底をついていたようで、すぐには、思ったほどの戦利品が挙げられない。業を煮やしていた私の元へ、若手職員が駆け寄ってきて、告げた。

「※受取手形《うけとりてがた》を発見しました！」

「何？　ほんとか、いくらある？」

「1億2000万ほどです」

「かなりあるな、しかしまだ足りないぞ」

「ただし、問題があります」

「どんな問題だ？」

「すぐには換金できません、支払期日は…、5年後になってますね」

「そうか…、やむを得まい、ひとまず押さえておけよ」

結局、この日の成果は、この手形、銀行口座から数百万円、その他に倉庫からフォークリフトや売れ残り商品など合計1億数千万円ほどかき集めることができた。ただし、受取手形の期限は5年後。そこまで待つには時間がかかりすぎる。その前に取れるものはまだないだろうか。全国展開していたA社の拠点は、各地に点在する。引き続き調査の手を広げた。

数日後、吉報が入る。場所は三重県松阪市。倉庫に商品が何万個も眠っているという。

受取手形
一定の金額を支払うことを約束した有価証券。約束手形、為替手形。

すぐに差押えに向かうべく準備を始める。

　意気揚々と荷物をまとめていた我々実働部隊であったが、その行く手を阻んだのは、なんのことはない、我々の身内、机にふんぞり返っていた上司だった。恐らく、どこの組織でも、事情は同じようなものではないだろうか。現場のことがあまり良くわかっていなかった時の所長が、実にナンセンスな指示を出したものである。

「すべからく、※封票《ふうひょう》を、全部の商品に貼ってくるように」

　封票というのは、※税務署《ぜいむしょ》等が差押えを決行する際に、差押物件に貼り付けるシールのことである。テレビドラマなどで、読者諸氏も一度くらいは目にしたことがあるのではないだろうか。5センチ四方くらいの大きさで、タイトルには「差押物件」とある。本文には、「この物件は差押物件であり、許可無く移動等した場合、刑法により処罰され云々」ともっともらしい文言が並ぶ。日付、横浜県税事務所とあり、そして問題なのが、ご隠居の印籠ならぬ、県税事務所の公印。これは、なんと、全部手押しなのである。何万個も手押し…、考えただけでも気が遠くなる。こりゃたまらんとばかり、直属の上司Yに直訴した。

「何万個も公印押すなんてむちゃくちゃですよ！　大体そんなことに時間かけてたら他に先越されますよ」

「けどね、もう『はい』って言っちゃったんだよ」

　この人物がまた昔風の実直な役人で、上司の命令は絶対と考えていた。

封票
差押えをしたときに、差押物品であることを表示する証票。

税務署
国税庁、国税局の指導監督の下、国税の賦課徴収を行う第一線の執行機関。

「オレ絶対嫌ですからね。意味が無い」。ふてくされて帰る私。

果たして翌日、パンパンに膨らんだボストンバック片手にYが現われたときは驚いた。中に公印つきの封票を目いっぱい詰め込んで。本当にやるとは思わなかった。なんともご苦労なことである。実行したことは見上げたものだったが、目は真っ赤で足取りもおぼつかない。大丈夫だろうか。

とにもかくにも松坂に向かって二人旅立った。五月晴れの、うそみたいに気持ちのよい日だった。

三重県松阪市は、伊勢市の北部に隣接する地方中核都市。気候は実に温暖で、梅雨入りにはまだ早い東海地方は、緊迫した任務を背負う我々とは縁遠く、まばゆい太陽と緑萌える季節を謳歌しているようであった。午後のまどろみの中、後部座席で完全にダウンしているYと私を乗せ、のどかな風景のなかタクシーは進む。当時のダイヤでは、横浜から松阪へは、新横浜から東海道新幹線を利用し、名古屋で在来線に乗り換え、およそ半日ほどはかかっただろうか。駅前でタクシーを拾うと、繁華街、城下町の面影、昔ながらの商都の街並みを抜け、いつしか、見渡す限りの田園地帯に辿り着いていた。その一角、田んぼの海にぽつんと浮かぶ島のように、目指す倉庫はあった。タクシーを降り、事務所へ。面食らう係員に間髪入れず告げる、「倉庫に積んであるA社の商品をこれから差し押さえるので、ただちに開けなさい」と。

3人の男たちを目の前に、荷主を失った灰色の馬鹿でかい建物は、まるで古代の王の墓のように静まり返る。重々しいシャッターの音、そして底なしの闇、一瞬目がくらむ…。視力を取り戻した数秒後、目の前に現われたものは…。

「うわー、こんなにあるのか」とY。

奥行き30メートル、高さ4メートル、幅15メートルほどだろうか。積み重なる商品の山は、それ自体がひとつの倉庫のようである。しかも、その山が、いくつもあるのだ。

「篠さん、これはとてもじゃないけど無理だなあ」

「そう言ってるじゃないですか！」

普通に考えれば分かりきっていたことである。所詮、何万個の商品ひとつ一つにたった2人の人間でシールを手で貼っていくのは逆立ちしても無理なのである。現場を知らない、頭の固い上司には分からないのだろうか。実働部隊の事情を考えずに、とんちんかんな指示を出すほうも出すほうだし、ろくに考えもせず、安請け合いをするほうもするほうである。へたり込むY。

「この商品は差押物件なので、動かしたりはしないように」

わけが分からず、呆然とするままの係員に告げる。商品全部にシールを貼ることは当然ながらあきらめることにして、模造紙を買ってきて、山ごとに貼り付け、マジックで封票と同じ文言、「この物件は差押物件であり、許可無く移動等した場合、刑法により処罰され云々」という文言を書いた。全ての山に、模造紙を貼り付け、ひとまずは今日の任務は終了。長い一日の終わりを告げる西日が、我々三人を照らし出す。足元に投げ出されたボストンバックは、どこまでも影を引いた。

さて、ここで差し押さえた商品の行方についてお話しよう。A社が扱っていた添加剤、これを現金に変えなければならない。A社本体は崩壊過程、通産省のお墨付き（？）も得られたわけであり、差し押さえながらも、果たしてこれが公売にかけられるかどうか、疑問符は付きまとった。

まず、最初に問い合わせたのは、その当時成長過程にあったディスカウントショップD社。今では、皆さんもすっかり御馴染みの代表的な安売りショップだ。電話をかけ、現物をかかえ、仕入れ担当者と面会をする運びとなった。

担当者曰く、

「D社としては、モノはいいと考えています。アメリカでは実績のある品物ですし。ただ、日本では知名度がなく、売れないですね。いくら安くても、ウチでは買えません」

同じように、ディスカウントショップ、スーパー、デパートなど何社かに問い合わせてみたが反応はどれも同じ。芳しくない。どうしたものかと頭を抱えていたところに、突然引き合いがあった。

A社本体は、暴利をむさぼった挙句、風前の灯であったが、その下部組織、子会社は細々と営業を続けていた。その彼らが品物を欲しいというのである。ただ買い取り価格は二束三文。もともとその程度の価値なのだから当然といえば当然なのである。背に腹は変えられない。差し押さえた商品は一部随意契約で引き取ってもらうこととなる。

最初に断行した差押え、そして松阪の倉庫の商品、5年後の受取手形を別とすれば2億円にはまだ程遠い。どこかに何かないか。押収した膨大な書類の洗い出しは、連日続いた。実際、他社の書類というものは、一読しただけではちんぷんかんぷんな部分がたくさんある。登場する社員、提携先、件名、固有名詞、どれもこれも、それぞれの関係がわからない文章を読むことは、まったくもって骨が折れることだ。おびただしい暗号文を解読すべく、件《くだん》の経理担当者Tを呼び出すことにした。※「繰上徴収通知書」を机に放り投げた姿が頭に蘇る。あまり気乗りはしない。うまく口を割れるだろうか。

はたして翌朝、朝一番、定刻どおりにTは県税事務所の玄関に現われた。少しくたびれたスーツ姿。敵も万事休す、抜き差しならぬ日々を送っているのだろう。

会議室へ通し、刑事ドラマさながら殺風景な事務机を挟んで、1対1、面と向かう。書類を詰め込んだダンボールの山、それを、ひとつ一つ当たっていく。こちらの質問に対し、当たり障り無い部分では「そうだ」とか「違う」とか、ふてぶてしく応えるT。しかし、

※任意ではあるが、国税徴収法141条の質問検査権により行うことができる。

肝心な部分ではなかなか口を割らない。核心に近づくと、「記憶にない」だとか、「担当が違う」などと言って、のらりくらりとはぐらかす。

まとまった現金へと続く糸口は、どこかに無いものか。いよいよ膠着状態へと突入。何を考えているのか無言のまま宙を見つめるTと私の間を、息の詰まる時間だけが際限なく流れる。コチコチと規則正しく時を刻む時計の針。時おり、横浜港の汽笛の音が静寂を破る。

昼少し前、いよいよ手詰まりとなった私は頭を切り替えた。このまま、手をこまねいても仕方がない。気がつけば、腹の虫も騒ぎ出す時間帯。腹が減っては戦ができず。一時停戦合意のもと、県税事務所に隣接するレストランへとTを誘った。確か、ジャイアンツの有名選手の奥方が切り盛りする店だったと記憶している。洋食が売りの小奇麗なお店だ。

Tも腹を空かしていたのだろう。無言のまま黙々と、エビフライ定食に箸を運ぶ。やおら、Tが口を開いた。

「県税事務所では、こういう食事の予算もついてくるものなんですか?」

「そんなもの出るわけないだろう」

「ポケットマネー?」

「そう」

「……」

「どうしてそこまでやるんですかね」

「仕事だからね」

「……」

「それに、わざわざ朝から足運んでもらって、つまんない事情聴取受けて、面白くないだろうからね。せめてもの気持ちだな」

「……」

しばしの沈黙の後、Tが切り出した。

「これ言ったら、私も社内での立場はないな。が、致し方ない、自業自得だろう。あんな山師を信用したのが間違いだった」

「どんなことだい？　なんでも言ってよ」

「実はね、まだあるんだ、商品が」

横浜港にあるTZ倉庫。輸入された物品が、関税を通る前に一時保管されるところなのだが、ここにまだ大量の商品が関税が払えずに留置されているという。中座して、若手職員に電話、すぐさま倉庫に向かわせた。

1時間ほど後、若手職員からの「ある」との電話を受けるや否や、Tを解放し、倉庫へと差押えに向かう。倉庫業者に会い、事情説明、差押えの旨を告げる。不安そうな倉庫業者がおずおずと言った。

「実はこれ、倉庫料が未納なんです、何ヶ月も」

「売れるまで、置いといてもらえないでしょうか。売れたら真っ先に払いますよ」

倉庫業者には留置権《りゅうちけん》※があり、最優先で配当を受け取ることができる。

「心配しなくていいですよ、優先的に配当しますから」

「じゃ、どうぞどうぞ売ってください」

商売人はゲンキンなもの、だが当然といえば至極当然である。取れる分は取らなければならないことでは同じ立場。妙な連帯感が生まれる。

結局、この日の収穫は、後に公売《こうばい》※の結果2千数百万円ほどとなった。その中から、倉庫料として業者に支払ったのが６００万円。たかだか１０００円ほどのランチが、数千万単位の現金となった。刑事ドラマのカツ丼ではないが、こちらの贈った塩に、思いのほかTはホロっと来たのかも知れない。重いコートを脱がせたものは北風ではなく、３匹のエビフライだったのだ。

東京都港区六本木6丁目。最後の標的となったビルはここにあった。今でいう六本木ヒルズがある場所だ。ここにA社の系列会社があったのだ。A社は系列会社に貸付金があり、系列会社は多額の入居保証金をビルに入れているとの情報をつかんだ。ここまでのところ、差押え額は、5年後の支払期限の受取手形を除けば、最初の差押え、松阪の商品、TZ倉

留置権
他人の物を占有する者が、その物に関して生じた債権を有する場合、その弁済を受けるまでその物を手元にとどめる権利。

公売
差し押さえた不動産などを県税事務所等が売ることをいう。

庫の商品あわせて4000万円ほどにしかなっていなかった。

「よし、行って見るか」

入居保証金は、もちろんビルを解約するまでは家主の手にあり、それを徴収するわけにはいかない。すぐには入手できないが、ひとまず部下を連れて情報収集に向かった。

家主は、神妙な面持ちで我々を人っ子一人いないA社系列会社のオフィスへ案内した。

「こちらも困っているんですよ。事務所はもぬけの殻だし、社長さんに連絡を取ろうにも取れないし…」

「お気持ちお察しします。こちらでも行方を捜してるんですよ」

家主はもともとこの辺りの土地持ちか何かだろう。穏やかな、きな臭い商売とは無縁といった感じの、人のよさそうな老紳士だった。

「S氏が解約する際にはこちらに連絡をください。引渡しの際にお邪魔して、差し押さえます。」

名刺を渡してこの場は引き上げることとした。後は、家主からの連絡を待つのみ。確信はあった、他にめぼしいものは何もないのだ、必ず現れるに決まっている。

待つこと数日、もう6月に差し掛かっていただろうか、昼休み時で、テレビでA社の報道に見入っていた最中、家主からの突然の電話が入る。

「Sから連絡ありましたよ！　ビルは解約するということで、今夜来ると言ってます。こちらに来られますか?」

「もちろん行きます。ご連絡をどうもありがとうございます!」

しめた! 飛んで火にいる夏の虫。こちらの策にまんまと乗ってくれた。急転直下、活路が開けたようである。急ぎ支度をする。所長に報告し、書類をまとめ、いざ出陣とばかり意気込んでいたその矢先、またしても足止めを食らった。

「篠塚さん、本庁から緊急連絡入ってますよ!」

神奈川県庁からの電話。一刻を争うときに何だというのだ。

「何が起こるかわからないし、危険だから、認めるわけにはいかない。中止せよと言ってます」

何ということだ。私の動きを察知して、事なかれ主義の上層部が先に手を回していたようである。事前に止めれば私の反論を食らうし、自分で言うのは面倒、ギリギリまで待って本庁の力を借りたようである。

所長に直談判。

「何を寝ぼけたこと言ってるんですか! これが最後のチャンスでしょう! 明日になれば、どこに雲隠れするかわかりませんよ!」

「認められないものは認められない。本庁からの指示が優先だ」

「何のためにここまで駆けずり回ってきたと思ってるんですか!」

押し問答は続く。額には汗。耳が熱い、鼻息が止まらない。

結局、私は解放されなかった。悔やんでも悔やみきれない。


まんまと多額の入居保証金の返還を受けたSは、そのまま我々の追跡の手を、そして、国税庁、都税事務所、債権者、被害者、警察の手を逃れ、6月の梅雨空のなか羽田を飛び立った。一路サンフランシスコへ向けて、夜中のフライト。霧のハイウェイで何が待っているかも知らずシートに身を委ね、大型トレーラーの餌食となる運命めがけてまっしぐらに飛び込んでいったのだ。

片手には最後の大枚を握り締めて。


事故の知らせが届いたのがそれから2日ほど経ってから。一命は取り留めたものの、意識は全く戻らない。たまたまカリフォルニア在住の友人がいたので、病院へ様子を見に行ってもらうよう依頼した。国際電話の向こうで、よく知った声が淡々と告げた。

「間違いなく入院はしてるようだったけど、面会どころではないね」

言葉にもならなかった。被害者の怨念か、はたまた神の見えざる手か、押し寄せる追跡の手から、結局は逃れられなかったのだ。私が徴収するまでもなく、悪銭は無に戻った。

私は何をしていたのだろう。

その後十数年、風の噂でSが日本へ帰国したと聞いた。ほとんど植物状態で、再起不能ということだった。二度と意識が戻ることはなく、帰国後数年で亡くなったそうだ。人々の欲望を炊きつけ、欲望によって欲望を生産し、その膨大なエネルギーから巨万の富をわずか2〜3年で手にしたS。被害額はおよそ何百億レベルだろう。その代償はあまりにも大きかった。

哀れな結末。事実は小説より奇なり、悪銭身につかず、である。

そういえば、件の5年後の受取手形はどうなったのだろう。この一件の後、私は横浜県税事務所を離れることとなったが、後に残った職員から面白い話を聞いた。

この手形は実は4人の人物によって切られていた。どのような人たちかというと、例えば、マルチ商法をアメリカから持ち込んだ学者など。なぜ、そのような人が手形を切っていたか、よくよくその経緯を調べてみると、これはA社からの謝礼だったらしい。ではなぜ手形を？ ここにカラクリがあった。謝礼、つまり贈与ということになると多額の贈与税※《ぞうよぜい》がかかる。課税を逃れるために、どうやらA社から借りるという形にしていたらしい。勿論、返済の予定はもともとなかったのだ。

経緯がどうあれ、もはや手形はこちらの手の中。法的には確実に返済の義務がある。いやいやそれは困る、これはもらったんだ、と言えば、贈与そして脱税ということになり、

贈与税
他人から物品を贈与されたときに課税される税金。

立場はより一層危うくなる。先生ほか3人は、しぶしぶ、支払い能力に応じた金額を返済し、これを合わせて滞納全額がほぼ完済された。
思えば、A社の首脳陣には、蜜に蟻が群がるごとく、元警察OB、弁護士などお歴々が顔を揃えていた。A社崩壊のあと、散り散りになったと思いきや、その後、金の延べ棒で世間を騒がせたT商事の首脳陣の一員として、ブラウン管に同じ面々を見たときは空いた口が塞がらなかった。まさに、懲りない面々。私も手を緩めるわけにはいかないのである。

視点　繰上徴収による早期着手と徹底した処分がポイントとなった。滞納が発生した際、すでに国税局か都税事務所が動き始めており、我々もいち早くこれに反応し、差押えに踏み切った。1億5000万円の受取手形はこの時押さえたものであり、これがその後に大きな決め手となった。そして三重・松阪の倉庫、経理担当者Tから情報を得て行った横浜の倉庫の差押え。これらは、ともすれば、遠方である、あるいは担当者の口を割れなかった、といったことで、見過ごされがちだ。一つずつあたっていく根気が求められる。

○第2話

大手サラ金からスカウト!?

ひと頃、お茶の間で、消費者金融のテレビコマーシャルを、連日当たり前のように見かけた時期があった。現在では、日弁連の抗議などがあり、以前ほど盛んにできなくなったようだが、一連のコマーシャル作品を見る限り、各大手とも、かつてあった「サラ金」といったマイナスイメージを払拭し、消費者に親しみ易いイメージを作り上げようと、やっきになっているようだ。そしてそれは、ある程度の効果を上げたようにも見受けられる。しかしながら、健全な運営を徹底していただけるのであればそれも構わないが、盗聴事件や強引な取立てなど、かつての体質を窺わせるような事件がしばしば起こっているところをみると、実態はまだそんなに変わっていないのかも知れない。

そんな大手中の一社、テレビコマーシャルでも話題となったX社を、私が横浜県税事務所で担当した頃は、X社もいわゆる『サラ金』のトップクラスとして、急成長を遂げている真っ只中であった。その当時、昭和48年頃は、サラ金が急激に業績を伸ばした時代であり、同時に被害も続出した時代。取立ては強引で、深夜に押しかける、玄関前あるいは街宣車で「金返せこのドロボウ野郎！」などと大騒ぎをする、親兄弟までつけまわす、娘を風俗店に売り飛ばさせる、といった行為が横行し、自殺者まで出るなど、問題は著しく深刻化していた。当時の被害者の話によれば、利率が１２３％もあったというのだから驚くべきものだ。

それでは、私が担当したX社、その納税状況はどうであったかというと、皆さんお察しの通り、決して良好とは言い難いものであった。基本的には、申告しても期限内に納めない、というスタンス。担当を引き継いだときには、金融業のくせに、県税に対して手形[※1]での納税を押し通していたのである。例えば、1億円の税額があれば、2000万円ずつ5回に分けて納めさせろ、という具合。そして、県税事務所側では、これを渋々認め、手形をすでに受け取ってしまっていた。

ここで、私は考えた。

①税金を納めずに、人に金を貸すのはおかしい。
②まず税金を納めるべき。
③つまり、滞納分を消費者に貸している。
④つまり、県が貸しているのと同じ。
⑤つまり、県がサラ金の後押しをしている。

ということになりはしないか。これはどう考えてもおかしい状況だ。

税金というものは、法的には期限内の申告納付が原則。期限後でも認められるのは、病気、火事、天災など特別な事情[※2]がある場合のみだ。この場合であれば分納も認められる。ところが、X社の場合は、特別な事情はないのである。「今、人に金を貸しているので、納められない…」。何を言う！　人に貸す前にまず納めなさいという話だ。それで金儲けをして

※1
税金の納付の為に、手形、先日付小切手を預かることを「納付受託」といい一般的に行われる。

※2
天変事変、病気、火災などの特別な事情があって猶予するのが徴収猶予、滞納額に見合う担保の提供を受けて猶予するのが換価猶予、支払い能力がないと見なされて3年間猶予されるのが滞納処分の停止。徴収猶予は、納税者の申請を受けて処理する。

いるのだから。法的に認められる話ではない。むしろ世に害を与えているのに。

ここまで考えて、すこぶるやる気が湧いてきた。これは、ほっとけない、早速動き始めよう、と。そこでX社にダイヤルし、先方の経理部長に話をした。

「…基本的に、手形での分納《※ぶんのう》は認められません。これまで預かった分は仕方ありませんが、次からは預かるわけにはいきませんよ。申告後、期限内に納めてくださいね」

受話器の向こうでいきなり激昂する。

「バカ言ってんな！ どこへ持って行っても喜んで受け取ってるぞ！ なんであんたんとこは駄目なんだ」

「病気でも天変地異でもないのに、分納なんて認められるわけがないでしょう。税金を滞納して人に貸して、それで莫大な利益を上げているのはおかしいでしょう」

「テメえ、このヤロー！ このこっぱ役人が！ 納めてやってんのに偉そうなこと抜かすんじゃねえぞ！」

「認められないものは認められない！」

「次の申告のときはもう払わねえぞ！ 手形もやらないからな！」

「ああ！ こっちだって手形は受け付けない！ けど、滞納処分《※たいのうしょぶん》はきっちりするからな！」

それからしばらく後、果たして申告の時期。X社からの申告額は、1億5000万円ほ

分納
税金を何回かに分割して納付すること。

滞納処分
滞納に対して行われる差押え等の行為。

どだったろうか、莫大な金額だった。申告されてからしばらく様子をみるが、まるで挑戦するかのように、納める気配は一切ない。手形も持ってこない。さては、相手方も覚悟を決めていると見える。期限が過ぎると、まず※督促状《とくそくじょう》を出し、しばらく様子をみる。督促状を出してから、10日の納付期限が過ぎると、つまりはがきを出して12日目から、差押えができるようになる。期限を待ってみたがやはり動きはない。こうなればやるしかない。相手の財産を差し押さえるのだ。

サラ金の差押えは、実は、いたって簡単だ。というのは、サラ金業者は、貸した相手、どんな相手からも返済がしやすいように、ほとんどの銀行に口座を持っているものなのだ。つまり、探す手間が省ける。目に入った銀行に、※片っ端から差押えに行けば、必ず相手の口座があるのだ。普通だと、差押えの前に相手の※財産調査《ざいさんちょうさ》をし、財産を探さなければならないが、この財産調査に相当な時間を費やすこともある。ここが省けるのだ。というわけで、私は早速この日、手当たり次第、目に入る銀行に赴いては口座を押さえていった。

差押えを行っている最中、どこの銀行かわからないが、X社に通じている人間がいたのだろう、大慌てで御注進が入ったようだ。ほどなく経理部長から県税事務所に怒鳴り込みの電話が入った。

「お前んとこの職員はナニやってんだー！　これからそっち行くからまってろ！」

えらい剣幕だったらしい。

督促　滞納金の支払いを請求すること。税の場合には、納期限から20日以内に督促状を発布することになっている。滞納処分の前提条件である。

※　滞納者が期限までに納付しないと、滞納処分により預金を差押えし、取立てして税金に充当する。

財産調査（資産調査）　差押えの前提条件として、滞納者の所有する財産を調べること。

電話を受けたのは、当時の私の上司。この人は実に立派な人で、私に、

「オレが相手しとくから、差押えを続けてていいよ」

と言ってくれた。

相手は東京本社から来るわけだから、到着するまで少々時間はかかるだろう。

「ありがとうございます。たぶん先に戻れると思いますが、もし向こうが早く着いたら、待たしといてください」

そう告げると、残りの差押えを急いだ。


県税事務所で待ち受けた経理部長は、果たして、もの凄い形相で現われた。私より10ほど上、40代前半に見えた。言葉は乱暴、コワモテ。

「テメエは何やってんだ！ウチを潰す気か！」

「だって約束したでしょう。そちらは手形も何も払わないと言うし、こちらは払わなければ滞納処分しますよ、と」

「バカ野郎！あんなの売り言葉に買い言葉に決まってんだろうが！本気にする奴があるか！」

「そんなの知りませんよ。言ったことは言ったことでしょう。その通りにやったまでですよ」

「ナニがその通りだ、このヤロー！」

「あなたが先に実行したんですよ。税金も払わないし、手形も入れない。だから私も約束どおり滞納処分を実行しただけですよ」

「この野郎、こっちは巨額な税金をおさめてやってんじゃねえか」

「巨額な利益をあげてるなら当然の話でしょうが。しかも、滞納した税金を元手にね！」

「……」

ここまで来て言い負かされたのがよほど悔しかったのか、こちらを睨み付けながら一瞬歯軋りしたあと、おもむろに傍らの鞄に手を伸ばした。鞄の中から取り出したものは、はたして、※小切手《こぎって》だったのだ。なんだ、実は用意してきてあったのだ。受け取って、内容を細かくチェックすると、ご丁寧に※延滞金《えんたいきん》まで計算に入れてある。なんといっても相手はプロ、利息計算はお手の物だったのだ。間違っていれば沽券《こけん》にかかわる。※1億5000万円だと、延滞金は1日3万円ほどになる。ちなみに、お金の話に詳しくない方にご説明するが、X社が当初入れていた手形とは、支払期限が来ないと、現金に換えられないもの。期限が来て初めて、銀行で換金できる。それに対して小切手は、いつでも銀行で換金が可能で、こちらの方がより現金に近い、というか、現金そのものと言える。

まともにやり合えば、向こうに分がないことぐらいはよくわかっていたのだろう。滞納した時点で、こちらの出方を窺った。そして、差押えをしたときに、こちらが本気だと

小切手
銀行などの発行した小切手用紙（小切手帳）を用いて、支払いを約束する。この用紙を小切手といい、現金と同じように扱われる。

延滞金
税金を滞納すると、納付するまでの利息が取られる。1ヶ月目が7.3％（現在は、特例的に4.1％）、2ヶ月目からは14.6％の率で取られる。約7年間で元金と同額になる。

※
延滞金の利率は1ヶ月間が7.3％で2ヶ月目からは14.6％である。7.3％ということは1万5千円で1日3円である。よって1億5000万円なら1日3万円、14.6％なら1日6万円になる。

悟ったのだろう。会う前から「こいつには勝てないな」と、早くもそう考えていたに違いない。向こうにしてみれば、他でも、同じ事をやられるとまずい。ここは大人しく言うことを聞いて、切り抜けたほうが無難だ、そう判断したのだろう。私の勝ちである。この一件のあと、X社は、神奈川県においては滞納を一切していない。だが、他の県では、当時のまま、同じように滞納を続けているようだ。言われなければいい、というものではないし、言わない方も言わないほうだ。あれから何十年も経つのに、一向に改善されていないのは問題だ。

さて、話を私と経理部長の対決の場面に戻そう。経理部長は、小切手を渡した後は、すぐさま荷物をまとめると、もう用はないとばかり、さっさと応接セットを後にした。そして私はというと、後片付けをしながら、ふと、出て行く経理部長の背中に目をやったのだが、納税課の仕切りを出て行く直前に急に立ち止まって、納税課長となにやら話を始める姿が見えた。課長は一通り話を聞いた後、手振りで何かを断っているような様子が見える。なんだろう、また何かとんでもないことを言い始めていないといいが。だが、話はすぐに終わったようで、何事かをあきらめた経理部長はそのまま事務所から姿を消した。気になったので、課長のところに行って聞いてみた。

「さっき、何話してたんですか？」

「なんだと思う？」

「さあ、なにか脅しでもかけられたんですか？」

「そうじゃない、お前のことだよ」

「私？」

「そう。お前をトレードさせろって。サラ金からスカウトだよ」

「なんですか、そりゃ!? もちろん断ったんでしょうね!?」

「ああ、うちにトレードなんてありません、て答えたよ」

また、とんでもない人間に見込まれたものだ。口ではバカだなんだといいながら「敵ながらアッパレだ」とでも思ったのだろうか。実力を認めてもらうのは結構だが、サラ金と滞納整理を一緒にするな！ 失敬な！ と私は言いたい。

当時聞いた名前から察するに、経理部長は、総業社長の身内だったことは間違いない。細かいところまでよく覚えてはいないが、姿形から、恐らく今の会長が、あの経理部長だっただろうと思う。テレビで姿を見るたび、思わずほくそ笑む。これからは、是非、健全な商売を心がけていただきたいものだ。

視点

強引な企業経営者に押し切られ、分納をしぶしぶ認めているケースはままあるといえる。期限後でも認められるのは、病気、火事、天災など特別な事情がある場合のみであり、本来なら認められるものではない。それが、当時、世間に害をもたらしていたサラ金業者であれば尚のこと質が悪い。こうした相手に情け容赦をかけてもしかたがない。法をきっちりと適用し、毅然として差押えに踏み切れば、結果が出せる。その好例となった。

○第3話

危うく『現物まがい商法』の被害者に!?

読者の方々はT商事のことを覚えておいでだろうか？　ほとんどの方は、未だに、鮮明に記憶されていることと思う。１９８０年代中頃、悪徳商法で社会問題化した会社だ。

その手口は、現物まがい商法、あるいはペーパー商法などと言われた。

例えば、金の延べ棒。

高額の金の延べ棒を客に売りつけるが、現物は、客の手元には置かない。会社が預かりいずれ高額な配当を出す、という形にして、「ファミリー契約証券」という紙切れを代金と引き替えに渡す。だが、本当は、金の延べ棒なんてない。売りつけるときには、ただのディスプレイ用の金を見せるだけなのだ。

例えば、ゴルフ場。

「愛知県に、豪華なゴルフ場を建設するので、ゴルフ会員権を買わないか」――と客に持ちかける。すばらしいゴルフ場で、本当ならば、例えば１０００万円の価値のところを、今なら２００万円で売りますよ、などと出鱈目な説明をして、その気になった客に、無一文のゴルフ会員権を売りつける。もともと、そんなゴルフ場なんて作る気はない。現地では、客の目をごまかすため、申し訳程度にゴルフ場の工事を進めるだけなのだ。

そして、客が『だまされた！』と気づいても、解約には応じない強引な手口で、被害者は高齢者を中心に数万人に上り、最後には、会長が刺殺されるなど大きな社会問題となった。

このT商事との対決は意外な形で訪れた。

それは、藤沢県税事務所時代。

ある日の晩、私は残業で、夜まで事務所に残って仕事をしていた。

「夜間滞納整理」と言って、昼間に連絡のつかない滞納者に、電話で催告をするものだ。

「このままだと、差押えになりますよ」なんて話を、電話をかけてする。

その最中、突然、妻の父親から電話がかかってきた。

「実はね、ゴルフ会員権をね、買ったんだよ」

急にどうしたんだろう?

「また、突然ですね」

「いやあ、これがいいゴルフ場らしいんだ。広くてさ、コースも充実してるみたいだよ」

「それは、良かったじゃないですか」

「でもね、遠いんだよ。愛知だってさ」

「まさか、T商事ってんじゃないでしょうね」

冗談のつもりだった。

「そうだよ、なんで知ってるんだ?」

「えっ!」

驚いた！

「だめだめ！　それ詐欺だよ！」

「ウソ⁉」

「ウソも何も、テレビや新聞で毎日やってるじゃないですか」

「そ、そうなの？」

「まさか、まだ払ってないですよね？」

「い、いや、まだだけど」

「よかった！」

「ど、どうすればいい？」

「とにかく、来ても相手にしちゃだめですよ。ウチの中にいてください。門縛って。『払わない』と言ってくださいね」

後から聞いて分かったが、義父も少し疑っていたようだ。その日、たまたま、姉夫婦が義父のところに顔を出していて、義父が同じようにゴルフ場の話をしたら、義兄もそれは、怪しい、と気づき、それで、私のところに電話をさせたようだ。それにしても、T商事の営業は本当に言葉巧みに義父を騙したようだ。女性二人で来て、義父の肩をもんだりして、実にうまく誘導したそうだ。

偶然にも、藤沢県税事務所のすぐ隣は、T商事の支店事務所だった。そこで翌日、早速、解約をすべく乗り込んだ。

すると、担当者はいない、と言う。

「10日間ほど、外出しています」

要するに、クーリングオフ期間中はいないことになっているのだ。

無警戒な、普通の人だと、ここで、

「あ、いらっしゃらないですか。わかりました、また改めます」

とあきらめてしまい、その間にクーリングオフの期間が過ぎてしまい、うやむやの内に契約を押し通す、というカラクリだろう。

ただ、こちらも引き下がってはいられない。日を改め、内容証明郵便で、解約の意思を伝えた。

「○月○日の契約は、クーリングオフ期間中であり、解約します」

そして、付け加える、

「あなた達のやっていることは詐欺だ！　解約させないなら告訴も辞さない！」

すると、後日、突然、T商事のYという弁護士から電話がかかってきた。

恐らく50歳代くらい、声質はずる賢そうだが、こちらの強固な姿勢が滲み出る手紙に、すっかり泡食った様子で、血相変えた声で、

「すぐ、解約します！　だから告訴しないでください」

と平身低頭だ。

恐らく、似たようなケースも増えて来たのだろう。

解約を認めさせ、間一髪、どうやら、事なきを得たようだ。

義父からの電話が次の日だったら、騙し取られていただろう。

実は、この後、Yとは実際に顔を合わせることとなった。

今度は、滞納者と徴税吏員として。

T商事が藤沢県税事務所に70万円ほどの滞納を出したのだ。

支払い期限が過ぎたので、早速動くこととした。これだけ世間に害をもたらしているのだ、遠慮することはない。

「差し押さえるぞ！」

相手を呼び出したところ、さて、やってきた面々の中にYもいたのだ。

Y本人は発言することもなく、お互い直接には言葉を交わさぬままの対面となったが、

私の名前を聞くなり、先日のバトルを思い出したのか、顔面蒼白。

恐らく社に戻ってから、仲間に警告を出したのだろう。

「あいつはまずいぞ、手ごわいぞ！」

こういった効果があったかなかったか、この滞納処理は、あっけなくカタがついた。滞納額はただちに支払われたのだった。

その後のT商事の末路はご存知の通り。

1985年6月、T商事会長のN氏は、自宅マンションで、おびただしい報道陣が取り囲むなか、被害者の関係者を名乗る二人の男により、惨殺されるという、凄惨な最期を遂げることとなった。

会社は当然のごとく崩壊。

翌年には、T商事の社長ほか幹部役員5人に対して、懲役10〜15年の、詐欺事件としては極めて重い実刑判決が下った。

月500万円もの報酬と引き換えに、T商事の悪事に加担した弁護士Yは、その後弁護士資格を剥奪。

1981年の設立からわずか4年。だまし取った額、実に2000億円。高齢者の心の隙間につけこんで、嘘と偽りにまみれた手口と強引な手法でむしり取った巨万の富を、貪り食った当然の報いということだろう。

おかしなことに、この一件は、私の家庭内の絆を深めることになった。

義父は、

「おかげで助かった！」

と、たいそう感謝してくれて、確か10万円ほどのものを、何か買ってくれたように記憶している。

私は私で、義父に、愛知の代わりに秦野のゴルフ場を紹介し、T商事の架空のゴルフ場ほどの素晴らしい内容ではないが、今度は正真正銘、義父は初めてゴルフ会員権を手に入れることとなった。

このことが縁で、義父と一緒に、ゴルフに行く回数は増えた。

ただし、腕前は、私の方が上であった…！

視点　こうした連中は非常にずる賢い。クーリングオフ期間は担当者不在ということにして、うやむやのうちに契約を成立させてしまう。弁護士までつけて、法律を逆手に取り、悪用してしまう。相手が法律を悪用するなら、こちらも確固たる法律的な手続きをして、法律を味方につけ、相手の思うままにさせないことが肝心。

○第４話

「乗っ取り屋」の手に落ちた茅ヶ崎のシンボル

湘南の海沿いを走る国道134号線。潮風を受けながら、大磯、茅ヶ崎を抜け、鎌倉、そして三浦半島まで足を伸ばせるその道のりは、人気のドライブコースとしても有名だ。

その途中、新湘南バイパス入口から5分ほどのところ、右に烏帽子岩、左にラチエン通りという地点に、かつて茅ヶ崎のシンボルともいわれた、伝説の「茅ヶ崎パシフィックホテル」があった。持ち主は加山雄三氏の父・上原謙氏。60年代に、その斬新なデザイン、豪華な設備で、湘南最大級の先端リゾートとして一世を風靡《ふうび》し、数々の有名人が出入りする社交場として栄えた。湘南サウンド発祥の地ともなり、後にサザンオールスターズの歌にも登場するなど、まさに茅ヶ崎市民の誇りとよぶに相応しい存在であった。一時期の最盛期を過ぎると、経営は傾き、上原氏はやむなくこれを手放し、持ち主が移り変わった後、1988年には廃業。現在は、跡地にリゾートマンションが建つのみで、当時の面影は残っていない。

海と空を背景に、浜辺にスックと立ち上がり、ひと際目立ったその真っ白な佇まいを、懐かしく思い浮かべるにつけ、私は、ホテルの歴史に汚点を残したある人物のことを思い出さずにはいられない。経営に行き詰った上原氏から、およそ全うとはいえない手法でパシフィックホテルの経営権を奪い、廃業までの一時期、茅ヶ崎のシンボルを手中におさめたホテル王M氏である。またの名を、「乗っ取り屋」。M氏が所有していた、都内のとあるホテルYでは、行き過ぎた合理化により防災設備に著しい手抜きをしたあげく、死者何十人という大火災を起こし、業務上過失致死で実刑判決も受けている。強引な手法と、利益第一の姿勢は、世間からも大きな批判を浴びた。

パシフィックホテル乗っ取りの経緯は、およそ次のようなものだったらしい。万事休すの上原氏に自分が融資をすると持ちかける。押し寄せる債権者の手から守るから、との口実で、Mの手元に上原氏の小切手帳と代表者印を預けるように上原氏を誘導。地獄に仏とばかりに、すっかり信頼してしまった人の良い上原氏は、これに従ってしまう。ところが、これはまったくの罠。Mは預かった小切手帳を、無断で自分の傘下の子会社にじゃんじゃん切ってしまい、取り立てが押し寄せたところで、「しょうがないオレが経営する」と本性を現した。あまりといえばあまりな手口であるが、これが通用してしまったので仕方がない。

その頃の私はというと、出世コースにはさっさと別れを告げ（見放され？）、多摩丘陵の風薫る、溝の口にある高津県税事務所で、滞納整理とは程遠い、総務的な仕事をやるはめになっていた。パシフィックホテルの災難などは知る由もなし、慣れない仕事に閉口していた、そんなある日のこと、本庁税務課の人事担当者から出し抜けに電話がかかってきた。

「今度の異動だけど、お前どこか行きたいところはあるのか？」

藪から棒になんだというのだ。

「特に考えてないし、どこでもいい」

ちなみに、出世コースならば横浜県税事務所だ。

「じつは藤沢でやってほしいことがある。ややこしいことなんだ」

「内容を見てみないと、なんとも言えない」

「いいからやってみてくれ、他に頼れる人間がいない」

頼まれれば嫌とは言えない性格。果たして私は、相変わらず出世コースとは無縁のまま、藤沢県税事務所に異動することとなった。

人事担当者の言った「ややこしいこと」、これこそが、件のパシフィックホテル、そしてMに絡んだことであった。

経営権がMに渡ってからというもの、Mのあこぎな人柄では当然ながら、税金の滞納額を毎年どんどん累積させていた。※料理飲食等消費税《りょうりいんしょくとうしょうひぜい》、法人事業税、県民税などなど申告はするものの、支払いは一切なく、合計で700万円くらいに膨れ上がっていたのだ。折も折、県議会で、ある問題が持ち上がった。パシフィックホテルの土地の一部は神奈川県の持ち物だったのだが、この地代が滞納されているということで、財産管理課が議会で槍玉に上げられていた。こりゃいかん、これは税務課にも矛先は向けられるぞ、なんとかしなければ、ということで私の名前が挙がったようである。あいつに徴収させよう、というわけだ。なんとも勝手なものよ。

料理飲食等消費税 飲食店などで飲食をし、代金が2000円以上になったとき10%の消費税が県税として課税された。この税を料理飲食等消費税といった。（現在は廃止されている。）

とにもかくにも、戦地に赴くと、私はまず「※滞納整理経過票《たいのうせいりけいかひょう》」の片っ端から目を通した。文字通り、滞納者とのこれまでのやりとりが記録されているものである。読み進んでいくと、「督促をしたが、無視された」、という記録が何度も出てくる。こんな人物相手に、お願いをしてみたところで、しょせん梨の礫《つぶて》だろう。よし、こちらのやり方でやらせてもらおう。まずは宣戦布告である。相手方の経理部長を、県税事務所まで呼びつけた。

「…以上で計７００万円、いつまでも支払わないのならオレが滞納整理をするぞ」

経理部長Oは年のころ50歳くらいの、思いのほか、ごく普通の人物だった。厳しく迫ってみるも、暖簾《のれん》に腕押し、払うとも払わないとも言わず、のらりくらり…。

「一週間以内に支払いを済ませて、連絡をよこせよ」

今日のところは、ひとまず軽くジャブ、とりあえず一週間様子を見てみよう。Oをそのまま帰した。

待つこと一週間、案の定なんの連絡もない。それならそれでも構わない。こちらもやることをやるのみである。それからさらに１日～２日様子を見てみるが、やはり何の動きもない。

「よし、やるぞ」

滞納整理経過票
滞納者の個別管理票で、折衝、調査、処分などの内容を記事にして残しておくもの。

その朝一番、私は動き出した。まずは、当時の県税事務所ナンバー2のデスクへ行って報告。

「これから行ってきます」

「どこへ？」

ただ一言、

「M」

「それならちょうどいい、頼みがあるんだが」

またか。

「どんな頼みですか？」

「新入職員4人ほど、実地研修で連れてってくれないか」

それぐらいは、別に構わない。腕利きの徴税吏員が育ってくれれば儲けもの。

「付いてくるのはいいですけど、懇切丁寧にレクチャーはしませんよ」

そんなこんなで、カルガモの親子よろしく、ぞろぞろぞろぞろ後ろに4人引き連れて、まだ朝のあわただしい街中へと飛び出していった。

作戦はこうであった。

朝9時、チェックアウトの時間に合わせて敵地へと乗り込む。泊り客が精算する宿泊代を、支払われたら※その場で片っ端から押さえる。

※滞納処分としては、少ないが無いことではない。法律的には問題はない。売上げ差押えといっている。

地道な方法のようであるが、宿泊代は結構高いものだった。一人２万円としても、20組あればあっという間に40万円。20日も通えばすぐに所定の金額に達する。何よりもパフォーマンス効果が抜群だ。

カルガモの行列がホテルのロビーに到着すると、カウンターには、22～23歳位の女性、そして40歳位の男性二人の受付係が、時折やってくる宿泊客を相手に、にっこり笑顔で朝の接客業務に勤しんでいた。受付係二人にまず宣告。最初が肝心である。

「県税事務所です。各種税金滞納につき、これから宿泊料金の差押えを行う。協力するように」

面食らう二人。

新入職員４人は、カウンター脇の壁際にずらりと並ばせ、

「お前らそこでよく見ていろよ」と指示。

私はというと、用意してきた箱をカウンターの端にどんと置き、その脇に居座る。一組目の宿泊客が来たところで行動開始だ。

支払いが終わる。レジに入れる前に、

「はい、いただき」

箱に入れる。

次の客。精算が終わる、またまたレジに入れる前に、

「はい、いただき」

おのぼりさんだろうか、年配の数人のグループもいる。一度に収穫があるのは結構気持ちが良い。

「はい、これも、はい、これもいただき」

若いカップルが、何事だろうかと私をチラチラ横目で見る。

「はい二人分、いただき」

まるでモグラたたきゲーム。支払いが発生する度に、ほい、ほい、と押さえ、箱に放り投げていく。壁際には4人のスーツ姿。なんだか妙な光景だ。効果抜群。カルガモ隊を連れてきたのも案外正解だったかも知れない。

「これで、今日のチェックアウトは終わりです」

恐る恐る、切り出した受付の男性。

「よし、じゃ集計するぞ」

男性社員に、箱の札びらをカウントさせ、女性には伝票の集計をさせる。

平日のわりに、宿泊客は結構多く、おおよそ20組ほどの支払いがあった。この日の収穫は計38万円ほど。準備しておいた※差押調書《さしおさえちょうしょ》に記入をしていく。差押調書は、あらかじめ、1万円札○枚、5千円札○枚、千円札○枚、と枚数だけ記入すればいいようにしておいた。

我ながら準備がよい、と自己満足。双方で金額確認をし、受付の男性社員に立会いのサイ

差押調書
差押えした事実を文書で残し後日の証拠とするために作成する公文書。

ンをさせてから、いざ退散。今日の戦果はまずまずである。

その日の午後、案の定支配人が怒鳴り込んできた。

「ずいぶん悪どいことしてくれるじゃないか！　なんてことしてくれるんだ！」

「何言ってるんだ、ひどいのはどっちだ！　何年滞納してると思ってるんだ！　こちらは当然の仕事をしてるまで、正当だよ！」

「そうじゃない！　差し押さえるのは止むを得ないが、受付の女性が、怖がって退職してしまったじゃないか！　あんたのせいだ！」

「冗談言っちゃいけない！　そもそも滞納に原因があるんじゃないか！　差し押さえられたからって辞職することはない、あんたたちの信用がないから辞めたんだろう、オレのせいじゃないぞ！」

「……」

優勢になってきた。続ける私。

「オレじゃなく、むしろ社長に言え！　納めなければ、またやるぞ！」

数日間、様子を見るが、その後の連絡は一切ない。そこで、再度経理部長OにTEL。

「1週間待つ。納税がなければ、またやるぞ」

やはり連絡なし。止むなし。今度は、私一人で乗り込んで、前回同様、チェックアウト時の差押えを実行した。この日は宿泊客が少なく、収穫は、12〜13万円ほどにしかならなかった。何かないか。カウンター裏を見回すと、冷蔵庫ぐらいの大きさの金庫があった。

「調査を行う。※開けなさい」

泡食った受付係が、

「差し押さえるのなら、開けるわけには行きません」

「……、じゃ、電話を貸せ」

県税事務所にダイヤルする私。

「金庫屋を手配してくれないか。これから差し押さえた金庫を引き上げるから」

そして受付係に向かってひとこと。

「滞納処分費はそちらで払うんだぞ」

滞納処分にかかった経費は、滞納者が支払うことになっている。

「そんなことになったら、社長に大目玉食らう」

慌てる受付係。

「じゃ、開けるしかないな」

金庫の中には、果たして現金40数万円が入っていた。これで計50万円ほど。意気揚々、ホテルを後にした。

※捜索という強制執行の場合でも、滞納処分に必要な範囲内では令状無く実施することができる。任意で応じる場合にも特に問題はない。

これまでの実力行使がようやく効いたのか、泡食った経理部長Oが「午後、相談がある」とTELの上、その日のうちにすっ飛んできた。応接室に通し、話を聞いた。

「ホテルのロビーで、あんなことされたら、客の信用が台無しだ。従業員も不安がるし、金輪際止めてくれ」

「いや、こちらも仕事だからね。見逃したら、まじめに払っている人たちとのつりあいがとれないよ。納める気がないのなら、オレはやるよ」

「どうだろう、手形で払わさせてくれないか」

私が差し押さえた分を差し引き、この時点で、残りの滞納額は600万円ほどになっていた。100万円の手形であれば、6回ほどで完済される。

「手形でもいいけど、支払い期限を各月27日にしろよ」

支払期限を月末にすると、引き落としが集中して※不渡《ふわた》りになる可能性が高い。

「わかった、わかったよ。それで勘弁してくれよ」


それからしばらくは平穏な日々。なんとか目処がたったパシフィックホテルの一件から久々に頭を切り替え、他の案件にも、やっと落ち着いて目を通すことができた。10日ほど経ったある日、挙動不審な妙な男が県税事務所の玄関先に現われた。うろうろしている姿を遠めに見ると、頭にターバンを巻き、どうやらアラブかどこか、外国からの客人のよう

不渡り
手形や小切手が支払期日に決済されないこと。

である。藤沢も国際的なものだ。貿易商でも営んでいるのだろうか。

その人物がどういうわけか、私の方に真っ直ぐに歩いてくる。さて、誰だったかな、近づいてくる顔にピントが合うと、果たしてそれは貿易商ではなく、経理部長Oであった。ターバンだと思ったのは包帯。頭に怪我をしているようだ。

「Mにガラスの灰皿で殴られましてね」

とO。気の毒なものだ。

抱えてきた鞄からは、100万円分の手形を数枚取り出し、差し出した。確認すると内容は約束通り。ただ1点、日付が月末になっていた。

「27日になってないじゃないか。書き換えてくれ」

「殺す気ですか！　頼むから勘弁してくれ！　今度は、Mに何をされるかわかったもんじゃない！」

涙目で懇願するO、私もさすがに気の毒になる。

「まあいいよ、このままで預かっておくよ」

「私だって好きであんな男に雇われてるんじゃないんだ」

ポロリと本音を吐くO。

思えば、Oも被害者の一人かも知れない。悪どいのは経営者M。社員も含めてまわりは振り回されているのだ。現地調査でパシフィックホテルの裏手、ラチエン通りの商店街を訪れたとき、Mの商売を象徴したこんなエピソードがあった。現地の八百屋も魚屋も、Mとの取引で、ツケは一切認めていないそうだ。踏み倒すかも知れない。信用がないのである。Mの金銭哲学は「支払いは引き伸ばせ、出来ることなら踏み倒せ」なのだそうだ。なんとも身勝手なもの。あきれてものも言えない。

ホテルYでの大火災の際、Mは死傷者が出ている状況のなか、従業員にこう指示したそうである。フロントの高級家具を運べ、と。火災が起こる少し前、東京消防庁の査察はこう指摘した。スプリンクラーを至急つけよ、と。再査察の際、スプリンクラーは確かに設置されていた。しかし、火災の時、そこから水が出ることは決してなかった。なぜか。査察をごまかすためのダミーだったからだ。世間を騒がせたこの火災は、私がパシフィックホテルの滞納整理を担当する2年ほど前のことだった。Mに一握りの人間性があれば、利益よりも人命を尊重する心があれば、尊い命が奪われることはなかっただろう。私の中にはその思いがあった。確かに大きなモチベーションとなっていた。

結局、この滞納整理は、経理部長Oに最初に電話をしてから8ヶ月ほどかけて終わらせることができた。Mがパシフィックホテルを所有してから8年間分の滞納額である。それまでは、県税事務所職員が束になってかかっても歯が立たなかった。全国でもMから取ったのは、どうやら私だけのようである。これは、大いに誇りに思っている。同じ県内でも、パチンコやボーリング場が集まったアミューズメント施設があったが、ここも取れていないようだ。

これは税※の公平性を鑑みたとき、大いに問題である。公務員の良くない体質として、事なかれ主義、危うきに近づかず、やっかいなことはやらなくても、なんとかなってしまうだろうという考えが幅を利かせていることがある。むしろ、やらない者が大手を振っていることも、たくさんこの目にしてきた。私がやってきたようなことは、本来なら当たり前のはずなのに、逆に、やりすぎだと後ろ指を差されてしまうことさえある。これではいつまでも変わらない。Mのようなケースの温床になるだけである。

１３４号線を走るとき、そこにあったはずのパシフィックホテルの美しい姿を思い浮かべるたび、当時感じた様々な思いが、未だに私の頭に去来する。

視点

世間を騒がせたほど、くせのある人物。そんな相手にまともに向かって、払えといくら催告したところで払うわけはない。まずは押さえられるところから押さえるのが基本だが、キャッシャーは確実に売り上げが入るので間違いのないターゲットだ。額は少なく地道なようだが、人が集まるロビーでも躊躇せず差押えに踏み切ったことが、結果的に、手形による全額納付につながった。

※原則的には、同じ条件なら同じ額の税を負担すること（水平的公平）。所得の再配分的観点からは垂直的公平もある。課税の公平と徴収の公平があってはじめて公平といえる。

○第５話

大手自動車メーカー従業員の自動車税一網打尽

自動車税の滞納整理というのは、非常に手間がかかる。なぜか？ 件数が非常に多いからだ。読者の方々はどのくらいの件数があるとお思いになるだろうか。驚く無かれ、神奈川県内だけでも、今現在約20万件ほどの滞納がある。これからお話しするこの物語の頃、私が平塚県税事務所に勤めていた昭和60年当時でも約15~16万件ほどもあっただろうか。自動車税1件は平均してだいたい3万5000円ほど。一部の外車など高額のものになると、1件8万~11万円ほどもする。これが何万件ともなれば、とほうもない金額だ。3万5000円×20万件でざっと計算しても約70億円。昨年、秦野市でオープンした特別養護老人ホームの建設費用総額が約15億6750万円であり、県からの補助金が約3億6000万円だったそうなので、金額だけで単純に計算すれば、これがゆうに4箇所は建てられる金額、補助額だけで考えるなら、なんと19箇所も補助が出来た勘定になる。

では、なぜこんな状況になってしまうのだろう。原因のひとつとして、支払い能力のあまりない若い人の滞納が多いということがある。頭金で取得して、月々の返済に追われ、車検まで払っていると、結局、税金まで手が回らない。あるいは学生なんかの場合、親が買い与えたはいいが、結局自分で維持する能力がない、などなど、車はある、でも税金は払えない、というような人たちが非常に多いのだ。実際、毎年の納期限5月31日に支払われるのは全体の70%ぐらい。残りの30%は、督促、※催告《さいこく》の対象となり、残りは、最終的に、滞納整理に回されるのだ。

催告
滞納税を支払えと請求すること。

昭和60年、私が平塚県税事務所に赴任したばかりの、とある昼下がり。廊下で立ち話をする二人の若手職員の会話が耳に入った。

「A地区の自動車税の滞納整理はきりがないよ」

「どうして？」

「あそこには、D社の独身寮があるじゃん。全部で1万人くらい住んでるんだよ。そのうち自動車税滞納者が８００人くらいいるんだけどさ、これがとてもじゃないけど回りきれないよ。俺には無理だ」

泣き言を言っている。こういう話を聞くと、俄然やる気が出てくるのが私の性分。興味津々声をかける。

「ちょっとオレに詳しく聞かせてみろよ」

詳細を聞いたところ、話はこうだった。そのころは景気がまだまだ大変良い時代で、巨大な工場はフル稼働で操業し、独身寮1万人の従業員は昼夜3交替制で働いていた。そのうち８００人が自動車税を滞納しているのだが、夜勤の人間も多いので、昼間訪れてもほとんど不在。その上、対象とする人数が余りにも多すぎて、管理人も協力してくれない。何しろ、一つの棟に何百人もの人が住んでいるというのだ。

そして、このD社、業種がまずかった。これがなんと某大手有名自動車メーカー※だった

※現存する自動車メーカーとは無関係である。

のだ。これが気に食わない。おかしいじゃねえか！ てめえで車を売っておきながら、車の税を払わないとは！

「よし！ 俺に任せろ！」

「何か、いい方法でもあるんですか？」

「まあ見てなって、滞納者のリストを、一覧にして持って来いよ」


作戦はすでに出来上がっていた。用意するものは、まずは滞納者８００人分のリスト、それに差押調書をさしあたり50件ほど。え？ ８００件持っていかなくていいのかって？ 大丈夫なんです。まあ、ご覧あれ。

リストをひっさげて、Ｄ社に乗り込むと、まず人事課給与支給担当係長に面会した。30代半ば、まじめそうないい男だ。毅然とした態度でこう切り出す。

「お宅の社員に自動車税滞納者が８００人います。ここに持ってきたリストがその一覧です。給料を差し押さえるので、今すぐ給与支給明細書を提出してください」

顔面蒼白で係長がこう応える。

「ち、ちょっと待ってください。多数の職員の給与差押え、しかも自動車税、自動車メーカーとして、そんなことになれば信用に関わります。どうか差押えだけは…」

「そんなこと言われても困りますな。税は誰の上にも公平ですから。滞納ということであれば致し方ない」

「何卒、何卒、ち、ちょっと上と相談してきますので、ちょっとお待ちいただけますか」

待つこと数分。そそくさと戻ってくる係長。

「我が社としても、あまりといえばあまりにみっともないので、どうでしょう、当方で、各社員に納めるように厳しく話すということでは」

「私は、そんなことは頼んでないんですよ。そこまで手をわずらわせるつもりはない。差押えさせてもらえればそれで十分なんですが」

「もちろんです、もちろんです。お宅様が、そうした依頼をしにきたわけでないのはわかっております。これは自主的な判断といいますか…」

「私としても、至急に対処しなければならない…、徴収するのは我々の仕事ですから、いや、いいですよ、差押えさせてもらえれば」

「わ、わかった、わかりました。と、とにかく10日ほどお時間をいただけませんか」

「そうですか、しょうがありませんなあ。そちらでどうお考えかは分かりませんが、では10日間だけお時間差し上げましょうか。そのかわり、10日経ったら、差押えにまた伺いますよ」

もちろん、税の徴収は我々の仕事。その手助けを会社に頼むというのも当然筋違い。プライバシー等も色々とうるさい。であるので、もちろん、私からは一言も頼んではいないのだ。

それからおよそ3日後。D社給与支給担当係長から、突然、数枚のファックスが届いた。A４に10枚ほどになっただろうか、目を通すと、誰かの氏名と金額等が一覧になって記載されている。通信欄をみると、給与支給担当係長の直筆で「本日までに支払いを済ませました、弊社社員の名簿一覧です」とある。一覧を数えてみればリストアップされているのは２００件ほど。短期間によくがんばったものだ。よっぽど沽券に関わると思ったのだろう。

その翌日も２００件、翌々日もまた２００件、あっという間に半分を超えた。愉快痛快、まるで観光地引網のようだ。こちらは見ているだけ、漁師さんがひょいひょいと、魚を一網打尽にしてくれる。リストは日を追うごとに人数が減っていき、6日目ぐらいでほとんどの支払いが終わっていた。若手職員にいいところが見せられて、ほくほくしていたところに、突如としてD社の社員が怒鳴り込んできた。

「篠塚っていうヤツはいるか！」

な、なんだ。

「てめえ、きたねえじゃねえか、なんで会社にまで来て、上司に『払わせろ』なんていうんだ！」

やはり来たか。

「ちょっと待て！　いいか、お前こっちに来てここに座れ」

私の机まで呼び寄せた。

「オレはそんなことは頼んでねえんだよ」

その場で係長にＴＥＬ。

「今ね、お宅の社員がウチに怒鳴り込んで来てるんですが。私があなたに払わせるように言ったって。とんでもない、私は頼んでないでしょう。時間が欲しいと言われるので、お待ちしただけでしょう」

「え？　うちの社員が？　ああ～！　申し訳ありません！　ち、ちょっと、その社員と代わって貰えませんか」

電話に出る社員。係長の甲高い声が一方的に受話器からもれてくる。どうしたことか、社員の顔はみるみる青ざめてくる。そのうち平身低頭。

「ハ、ハイ、ハイ」

上ずった声がかすれる。

「分かりました！」　ガチャン！

受話器を切るや否や、

「スイマセンでした！　私の勘違いでした！」

と、蚊の鳴くような声で謝ったかと思うと、そそくさと逃げるように帰ってしまった。

そうなのだ。こういうことがあると困るので、あらかじめ係長に念を押しておいたのだ。そんなことは頼まない、と。ここが肝心。

結局、1週間ほどで、ほぼ全員の支払いが完了した。ほぼ、というのは1件だけ支払い不能だったのだ。というのは、その社員はすでにD社を辞めていて、D社では消息不明ということだった。それならば仕方がない。その分を除けば全員の滞納整理が終わった。締めて2800万円ほどになった。


仕事というものは、ちょっとしたきっかけで、とんとん拍子にうまく行くものだなあ、とつくづく思う。こんなのできっこない、と最初からあきらめていては、何も生まれない。思い切って飛び込んでいけば、自ずと道が開ける、ということは多分にある。ほんの少しのアイデアだったり、機転だったり、ちょっとずるいかも知れないが、どうすれば楽にできるだろう、と考えることが早道だったりすることもある。生真面目な係長は、リストを見ただけで、大慌てで800人の従業員にお達しを出した。私のほうは、濡れ手に粟、何もしなくても、あれよあれよという間に滞納額が集まって、わずかな期間で、車屋の車税は一網打尽となったのだ。

え、始めからそのつもりだったんじゃないかって?

そこは、ご想像のままに…。

視点

８００件を１人で全部回って徴収するのは確かに不可能に近い。若い職員が音を上げるのも無理はない。しかし、ここであきらめず、８００人分のリストを見れば、恐らく、相手は自分から回収を言い出すに違いない、そう読んだ私が立てた作戦に利があった。作戦遂行にあたり準備したのは、差押調書をさしあたり50件。万が一、相手が差押えに応じれば、とりあえず50件ほど差し押さえようと考えていた。もちろん、こちらから回収を依頼するのは筋違い。「私は頼みませんよ」と、これは明確に言っておかないと、あとあとよろしくない。

○第6話

ヤクザ者から出た正論

とんでもないヤツがいたもんだ。

戸塚のヤクザ者T。

もともとは、駅前の屋台のおでん屋のオヤジだった。Tがおでん屋をやっていた頃、駅前では、市の総合都市計画に基づく区画整理事業が始まっており、立ち退きがいよいよTのなわばりに近づいてきた、というある日、何を考えたか、道路に屋台をボルトで固定してしまい、そして、

「これは、建築物だ！ 撤去するなら保証しろ！」と息巻いた。

普通なら、こんな話が通るわけも無いと思うだろうが、当時の某大物役人は、Tに脅され、そのあまりの凄味にすっかり縮みあがってしまい、3億円もの保証金を支払ってしまったのだ。当然これは恐喝罪。Tは逮捕されるわけだが、刑法249条によれば恐喝は最長でも10年以下の懲役。ほんの数年ですぐ出てきてしまった。そして、出所した後にも、某大物役人は、怖さのあまり、3億円の返還請求ができなかった。つまりは、わずか数年のムショ暮らしで3億円まるまる儲けてしまったのである。

またその風貌に迫力があった。身の丈180センチくらいで、がっちりした熊のような体格。そして、その昔、狩に出た際に、熊に襲われ、爪でしこたま頭を引っ掻かれたのだそうで、頭の半分が大きく陥没しているのだ。それでもピンピンとしているのだからたまげたもの。その凄味たるや、某大物役人でなくとも、面と向かったら、誰でもおっかなく

て震え上がっただろう。

私が戸塚県税事務所に転勤になったとき、まっさきにこの有名人のことが気になった。その頃には、市から巻き上げた3億円を元手に、駅前に5階建てのビルを建てて、そこを拠点に、不動産やらヤミ金融やらで、あぶく銭を稼ぎ、組には属していなかったが、地元でも有名なヤクザ者として幅を利かせていた。そこで、県税事務所で隣に机を並べていたおじさんに聞いてみた。

「Tって滞納あるの？」

「あるある」

「誰が担当なの、どれくらいあるの？」

「実は俺が持ってるんだ。１２０～１３０万円くらいかな。困ってるんだよね、実際。でも、誰がやっても無駄だよ」

「俺がやってみようか？」

「だめだめ、やめといた方がいいと思うよ」

「いいから、いいから。電話番号は？」

虎穴に入らずんば虎子を得ず。早速電話をしてみた。

「はいT商事T」

面食らった。こんなこともあるのか、いきなり本人が出た。

「こちら戸塚県税ですが」

「何だ」

「いえね、滞納がずいぶんたまってるんで、税金を払ってもらおうと思って」

いきなり逆鱗《げきりん》に触れたよう。

「テメエ！　今何んつった⁉」

「ええ、ですから税金を払って欲しいとね」

「オレに払えだと！　テメエいい度胸してんじゃねえか！　そこ動くんじゃねえぞ、今すぐそっち行ってやるからな！」

ものすごい剣幕。果たしてどんなヤツが来るか。どうせ人相悪いヤツが来るんだろうなあ、参るなあ、と思いつつ、カウンターで待ち構えた。

待つことわずか数分。本人の言った通りすぐにやってきた。車で乗り付けると、黒いスーツで身を固めた子分を2～3人引き連れて、ズカズカと大股で乗り込んでくる。本人はゴルフ場みたいな派手なシャツ。案の定、凄い形相だ。

「シノヅカってえのはいるか！　このヤロー！」

また事務所中に聞こえるような大声で、人の名前を！

「私ですよ」

「テメエ、このヤロー」

「まあまあまあ、待ってくださいよ」

とりあえず、なんとかなだめて応接室へ。そこでまたドンパチが始まった。

「テメエ、このヤロー、オレに税金払えだと！」

「税金払ってないんだから当たり前じゃないですか」

「なにを、このヤロー！　その口のきき方は！」

ここで、ひるんではいけない。私も頭に血が上った。

「そっちこそ、なんだ！　税金も納めないヤツから、そんなこと言われたくないぞ！」

「てめえ、よく言ったなこの野郎！　いい度胸じゃねえか！」

「度胸もへったくれもあるか！　当然の事を言ってるだけだ！」

「なんだと！　そのへらず口、二度ときけなくしてやるぞ！」

「やれるもんならやってみろ！　そんな偉そうなこと、税金払ってから言ったらどうだ！」

そんなやりとりが、かれこれ10分ぐらい続いた。こういうことをガンガンやっていると、意外とお互いに疲れるものなのだ。少しテンションが下がる。そして、ひと呼吸おいたあと、Tがふと聞いた。

「ところで、なんであんたがそんな話をするんだ。オレの担当は、確かIってヤツだろう」

「ちょっとわけあって交替したんだ」

「アイツをちょっとここへ呼んでくれないか」

そこで、隣のおじさん、Iを呼んだ。

ここが面白い。

「I、お前、今までオレのところに来て、一度でも税金払えって言ったことあるか？　一度たりとも言ったことないだろう」

きょとんとするI。

「こいつみたいに、『払え』と言わないで誰が払うと思ってんだ？」

何と言ったらいいかわからず、固まり続けるI。

「肝心なこと言わないとこっちだってわかんないだろう。お前みたいのを、税金泥棒っていうんだぞ！　何の用だか、オレんとこ来て、もじもじもじもじしながらお茶ばっか飲みやがって！」

ある意味、当然といえばしごく当然である。大事な用件を言わないと、話は先へ進まないのだ。普通は。

Iへの説教（？）が終わったところでTがこう切り出した。

「ところでお前、払うのはいいんだが、オレはすぐに現金がないんだ。小切手で分割でもいいのか？」

「それでも、いいですけど、納付時期によって延滞金が違ってきますよ」

「何、延滞金!? 人から税金取った上に、延滞金も取るのか!」

「当たり前じゃないですか。遅れた人は当然支払うんですよ」

「お前は、そうやって何でもずけずけ言いやがって。ホントに図々しいヤツだな。でも、それが当たり前だよな」

　図々しいというのは心外だ。しかし、言っていることは間違いではない。あきれるくらいに当たり前のことを、さも納得したように言っている。それはさておき、この時は、確か※先付小切手《さきづけこぎって》だったと思うが、相手がそれを切ってくれたので、※納付受託《のうふじゅたく》ということで、一発で解決してしまった。銀行に預けておいて、時期を待てば入ってくる。なんの策を弄したわけでもない、ただ、率直に言っただけである。「税金を払え」と。

　つまり、みんな言わないのである。某大物役人を脅したようなヤツだから、きっと言ったら自分がひどい目にあうだろう、と思い込んで。おっかなびっくり、危うしに近寄らず、誰一人言わなかったのである。それを、赴任早々の私が言ってみたことで解決した。いや、「言ってみた」じゃいけなくて、言わなきゃいけないのだ。それが仕事なのだから。それをみんな逃げ回ってしまう。Tにしてみれば、初めて「払え」と言われたのかもしれない。ただ、相手も聞く耳を持つ人間であり、本当は良く分かっていたのだ。払えと言わなくちゃいけないことを。我々がそれを面と向かって言わないことを。それを言わないと、交渉

先付小切手
振出日が後日の日になっている小切手。

納付受託
税金を、分納するときなどに納付計画通りの期日を支払日とした手形を振り出してもらい、それを預かること。

はいつまでたっても始まらない。おかしなことに、ヤクザ者Tから、改めてそのことを教えられた。

視点

この件では、ほとんど策は弄《ろう》していない。面と向かって、「税金を払え」と言っただけの話だ。前任者も、やっかいな人物の担当になり、災難程度にしか思っていなかったのだろう、恐らくは、「税金を払え」という言葉は、最後まで一度も言わなかったようだ。それが、何代もの担当者にわたって繰り返され、所内の暗黙の了解になってしまっていたのだ。まずは、「税金を払え」、その一言を言ってみることが第一歩ではないだろうか。

○第7話

パイラーたち

「パイラー」という言葉をご存知だろうか？

昭和20年代、30年代頃、戦後の復興のどさくさのなか、横須賀米軍基地の周りでは、アメリカ兵相手に売春婦を斡旋する商売をして、ひと山当てる者たちがいた。こうした連中のことを、当時パイラーといった。ドブ板通りあたりは、殊にたくさんの売春婦がいて、街角で米兵とパイラーが現金のやりとりをする姿を、しょっちゅう見かけたものだ。朝鮮戦争の頃には、おびただしい海兵隊員が横須賀に寄港し、彼らの商売も大繁盛した。当時は1ドル360円の時代、日本に来ればアメリカ人はみな大金持ちのようなもの、加えて、明日には死ぬかもしれないというやぶれかぶれな気持ちもあったのだろう、たくさんのアメリカ兵が、彼らのもとを訪れた。

ちなみにパイラーという言葉の語源はなんであろうか。英語の辞書でpile（パイル）という言葉を調べると、「大金」「金をためる」という意味があるそうだ。おそらくは、この言葉に由来しているのであろう。実際、彼らは、かなりの大金を手にするようになっていった。あるパイラーは、バケツを片手に街角に立ち、仕事が終わると、バケツの現金をドラム缶に放り込んで、まるで味噌か酒の仕込みみたいに、上から足で踏んづけては詰め込み、溜め込んでいるなんていう噂話も耳にしたことがある。財を成した彼らのなかには、街の中で次第に力をつけ、手広く商売を始める者も現われた。当然、法律を守らないアウトローといった連中がほとんどで、税金は当たり前のように納めない。そして、我々とも、たびたび衝突するようになったのである。

私が川崎県税事務所にいた頃、パイラー出身のNという男がいた。この男はドブ板通りでひと財産築いたあと、堀の内に進出し、キャバレーや貸しビル、駐車場などを経営するようになっていた。もともと予科練出身の軍隊くずれで、経理に精通した優秀な兵隊だったらしい。商才があったのだろう、手広く商売を成功させていた。この男、また相当なワルで、当時、私がいた川崎県税事務所では、有名な「三大悪党」なんて呼ばれる者たちがいたのだが、その中の一人として恐れられ、みな手を焼いていた。

当然ながら、納税はいい加減。キャバレー等を経営する場合は、「料理飲食等消費税」といって、客が2000円以上飲食をした場合、その10%を収めなければならないことになっていた。これは店側の申告によって行われるが、この額を10分の1ぐらいしか申告せず、しかも、その上全く払わないのだ。累積した滞納額は1000万円を超えた。5年以上経った古いものは時効《※じこう》が成立しており、県税事務所側の債権放棄《※さいけんほうき》となっていたので実際はもっと多い。

徴税を難しくしていることには、Nの考案したカラクリもあった。店の経営者は当然Nなのだが、届出上は従業員をニセ者の経営者に仕立ててあり、自分は家主ということにして、ふだんはカゲに隠れている。いざ滞納整理ということになると、ニセ者の経営者相手

時効
権利を行使できるようになってから、一定期間行使しないと権利は消滅するという法律の規定。税は5年、飲食店の付は1年。

債権放棄
一定の給付を請求する権利を、時効などで放棄すること。

に差押え等を実行することになるが、押さえようにも、いくら探しても資産らしいものは何も出てこない。それはそうだ、この男は経営者でもなんでもなく、ただの従業員、実際は文無しなのである。登録のときに、ちゃんと素性を調べなかったこちらも悪いが、ずいぶんずる賢いことを考えたものだ。そんなわけで取り立ては大いに難航していた。

そこで私の出番となった。前任者が滞納者とのやりとりを記録した滞納整理経過票に目を通すと、たびたび催告しても納めない、とある。私に言わせれば、言ってもだめなら、取りに行くのみ。では、何を押さえる? 度々探してもまとまった資産はない、ということになっていた。それならば大もとを押さえてしまえばいいのである。つまりキャッシャーを。閉店前に、客が一斉に精算するときに、精算したものをその場で押さえればよいのだ。風営法の規制により、店の営業は11時までなので、その少し前に行けばよい。

そんな訳で、ある週末の晩、数人の職員と落ち合って、店に向かうこととなった。決行部隊は、私と納税課長、そして若手数人。店にたどり着くと閉店間際にも関わらず、店には結構な人数がいた。ろれつの回らない酔っ払い、横柄な態度の若い店員、悪ふざけするホステスたち。こちらは仕事だというのにいい気なものよ。すぐさま店員に差押えの旨を告げると、一瞬面食らったあと、すぐに怪訝な顔で引っ込んで行った。そのまま、※予定通り各自配置についた。

※強制執行を行うと宣言し、交渉する折衝班、金庫、伝票などを押さえる差押班、暴力阻止班、警察官に連絡する連絡班、記録班などがあり、それぞれの役割に応じた場所に配置される。

閉店時間になると、次々と支払いが始まった。現金がキャッシャーに運ばれてくる度に、それを押さえる。我ながら効率的だ。そこへ、店員が呼びにやったのだろう、戻ってきたニセの経営者が登場…。

「テメエら！ 人の店で何やってんだ！」

ここで、想定外の事件発生！

「あわわわあわわ…」

なんと、頼るべき上司、納税課長が相手の恫喝にすっかり震え上がってしまい、急性失語症になってしまった！ 完全に機能停止、戦闘不能、もはや言葉を返すような力は残っていない。これはまずい。脅しに屈すれば、相手の思うツボ。形勢を変えるべく、まずは課長を緊急避難。若手職員に外に連れて行くよう指示。そして、反撃開始だ。

「何をじゃないだろう！ そっちこそ、何年滞納してると思ってるんだ！」

「なんだと！ それで人の店荒らしていいと思ってんのか！」

「当たり前だ！ 差押えはこっちの仕事なんだよ！ 今日は許さないからな！ 徹底的にやらせてもらう！」

弱気にさえならなければ法はこちらの味方。ペースを掴んだあとは、淡々と業務を遂行するのみ。キャッシャーを押さえ、他に金庫も発見できた。これも押さえて一丁あがり。すったもんだやっていたところに、ニセモノではこの事態を収拾できないと踏んだのか、本命・Nがのっそりと奥から現われた。派手なスーツにオールバック。血走った目つき。やっとあらわれたな、大だぬきめ！

「まあまあ、ウチの店子をいじめないでくれ」

なんともしらじらしい芝居。

「こちらとしても、もうこれ以上は待っていられない。やむを得ないよ」

「では、どうだろう、オレが保証するから差押えは勘弁してやってくれないか」

「じゃあ、どんな形で保証するんだ」

「あらためて後日話し合いの場をもうけよう。それまでに、オレの方で方針を考えておくから」

この日は本命を引きずり出せただけでもひとまずの収穫とし、「後日」という相手の話に乗ってみることにした。

その数日後、いざ話し合い当日、こちらの顔ぶれは4人となった。私、納税課長補佐（失語症になった課長は戦力外通知）、係長、そして課税課長。Nには課税の段階からちょろまかされているわけであり、当時の川崎県税ナンバー2による「課税にも責任があり」とのお達しで、課税課長も連れて行かれることとなった。これには、私は正直気が進まなかった。この人物、年の頃は40代前半。メガネをかけ、実に神経質そうな、非常に気の弱いタイプであった。大学そして県庁と順当に進み、外の世界のことはまるで知らない。何かあったら困るし、ちょっと失礼な言い方だが、足手まといもごめんだ。「連れて行かないほうがいい」と進言してみたものの、結局一緒に行くことになった。大丈夫だろうか。

昼間のキャバレーは実に陰気なもの。連日の夜の賑わいは、まるで遠い過去の出来事のよう。黄ばんだ壁紙、安っぽさが目立つビロードのソファー、変質した香水のむせ返す臭い。机を挟んでNそしてニセ経営者との折衝は続く。

「だいたいおかしいじゃないか！　一体店の売り上げはどこに消えてるんだ！」

「いやそれは仕入れに○○円、家賃として○○円…」

ニセ経営者の話はまったくつじつまが合わない。そりゃそうだ、ホントはNが経営者なんだから。だいたい家賃がべらぼうに高い。これをまともに信じるなら店の経営はとてもじゃないけど、成り立たない。つまり、これは実質、店の売り上げを家賃と称して納めているだけの話なのだ。なんせホントはNが経営者だから。

「まあまあ、ですから私からの提案としては…」、割って入るN。

その話もまるでいい加減なもの。しかも、のらりくらりとかわしながら、文書でなく口約束に持ち込もうとする。そのとき、私の左側から…、

「いいかげんにしろ！　話にならない！」

「バーン！」

頭に来て、机をたたく納税課長補佐。やった。やるときはやるもんだ！

宙を飛ぶ湯のみ。仰天するＮ。このときばかりは先輩を見直した。

すると今度は私の右側から突然誰かが立ち上がった！　例の課税課長だ！　この人も見かけによらずやるのか、すごい！

と、思ったら…。

「も、もう、や、やめてください」

と言ったが早いか、アワを吹いて倒れてしまった！

ヤクザ風の男たちを目の前に、よほど恐怖で縮みあがっていたのだろう。せっかく風はこちらに向かって吹いていた、その空気も読めなかったのか…。かろうじて保っていた正気の糸は、身内の怒鳴り声でぷつんと切れてしまったようだ。それにしても人間というものは、ホントにあんな風にアワを吹いて倒れるものだったのか。

「おしぼり持って来い！」

その後のＮの動きは早かった。手下におしぼりを持ってこさせると、手際よく課税課長の口に噛ませて、舌を噛まないように保護。続けざまに、

「救急車呼んでこい！」

あんまり手際よくやるもんだから、我々３人は唖然とするのみ。さすがに数々の修羅場

をくぐりぬけてきただけのことはある。

「すいません、ウチの職員がお世話になってしまって…」

こちらがすっかり恐縮してしまった。なんとも気まずく、ただ、たじたじするのみ。近づいてくる救急車の音、課税課長の口元のアワをきれいに拭いてくれているN、これでは停戦も止むを得ない。この空気のなか、さすがに滞納の話に引き戻せない。せっかくの納税課長補佐の宣戦布告は泡となって消えてしまった。

この一件のあと、課税課長は、実に40日間も病院に入院した。エリートのトップクラスだったけど、その後はあまり出世しなかったようだ。この一件が響いたのかも知れない。実に気の毒なものだ。一方のNはというと、真昼の決闘以後、私自身、他の案件で時間が取れなくなってしまい、次の折衝の機会がもてないまま、結局、川崎県税を異動することとなり、まんまと私の追及の手を逃れてしまった。戦後の復興のなか、雑草のように生きぬいてきたパイラーの悪運に、この案件は、してやられる結果となった。

Nと同じように堀の内に進出したパイラーにKがいた。おさわりバー、モーテル、靴屋とこちらも手広く商売をやって、またまたNと同様、税金を払うのが大嫌いだった。このままで行ければKにとっては良かったのだろうが、そうは問屋が卸さない。ある時、※国税庁《こくぜいちょう》の

国税庁
国の税務組織を大きく分けると、国税庁、国税局、税務署があり、国税庁は税務行政の執行に関する企画、立案を行い、国税局、税務署に対し、指導的な立場にある。

大規模な※査察《ささつ》が入った。いわゆるマルサというやつだ。後に本人から聞いたのだが、丸一日24時間ぴったりマークがついて、それがみっちり3ヶ月間続いたのだとか。奥方にばれないよう、うまくやっていた二号も全部ばれてしまって、探索の手は、その二号の家にまで及んだ。トイレ、天井裏、庭、とあらゆるところを隈なく調べられ、ついに屋根裏に隠した書類がバレて、お召し上げになってしまったそうだ。

これが、アダとなった。書類を吟味した結果、いろいろな所得隠しがバレて、多額の※追徴課税《ついちょうかぜい》が課せられることになった。もともと支払う気がなくて納めていなかったのが、今度は支払えなくなってしまったのだ。やむなく、川崎駅前に所有していたホテルを売却、追徴課税分に充てた。事業は縮小し、経営不振になり、少しずつ、坂道を下り始めていた。

県税事務所としても、滞納をいつまでも放っておくわけにはいかない。国税庁が動き出したことだし、業績が不振となったこともあり、こちらも急がねばならない。Kには気の毒だが、倒産してからでは多額の滞納額を回収できなくなってしまう。もともと全うな金かといえば、そうはいいきれないわけだし致し方あるまい。そもそも払わないほうが悪い。ここはきっちりカタをつけてもらわねば。

県税事務所で財産調査を行ったところ、川崎市の日進町というところに土地と倉庫を見つけた。ここは、川崎のドヤ街。東京で言う山谷や大阪のあいりん地区みたいなところだ。

査察
税務調査において、事実を確認するために主として国税局が行う強制調査。

追徴課税
税務調査を受けて申告不足が見つかると、不足分については追加して課税されること。

そこで、早速、ここを差し押さえた。数日を待たず、ほどなく本人が県税事務所に乗り込んできた。すごい形相だ。

「あれを売って納めるから、差押えを解除しろや」

「順番が逆だ。納めたら解除する」

するとどうだ。おもむろにボストンバックから寝袋を取り出し、

「解除するまで、オレはいつまでもここに居座るからな」

あきれたもんだ。

「ああ、どうぞどうぞ、こんなところでよければ寝てください。オレは5時になれば帰っちゃうから。好きなだけどうぞ」

これは効果あった。ふくれっ面でしぶしぶボストンバックに寝袋をしまうK。なんだか滑稽な姿である。

しまい終わると、今度はおもむろに私の背後の窓を指差した。なんだろう、振り返ればそこは、ああ絶景かな。窓の向こうは、ウォーターフロント。東京湾が悠々と水を湛える。

「あんた、あそこに浮かびたいのか」

とんでもない！　まっぴらごめんだ。ここは正直に。

「浮かびたくないよ！　でも解除はしないよ」

ここまで来ると、さすがに脅すのはあきらめたのか、そこから先はわりとすんなりと折

衝に持ち込むことができた。よくよく話を聞けば、差し押さえた倉庫には売ったホテルの備品がしまってあるという。布団やら、ベッドやら、テレビやら、テーブルやら。そういうことなら、そこにある金目のものは、全部差し押さえるべく、日を改め、Kを伴って現地へ行くこととなった。

たしか、7月か8月の、日差しのきつい日だったと記憶している。私と納税課長、そして係長の3人、そしてKの計4人が日進町の倉庫へと向かった。川崎のドヤ街では、その日の仕事にありつけなかった日雇い労働者たちがところどころ、日差しを避けながらたむろしていた。彼らも暑さでまいっていたようだ。みな一様にぐったりしていた。カップ酒を手にするものもいる。

古びた倉庫は年数を感じさせるものだった。戦後のバラックを彷彿《ほうふつ》とさせる。ところどころ剥がれ落ちたモルタル、壁を走るひび割れ、干からびた目地、トタン屋根。

「ギギギギ」

重々しい音を立てて鉄の扉が開くと、そこは漆黒《しっこく》の闇。むっとする空気の中へ4人の男が足を踏み入れると、Kが点けたのか、鉄骨からぶらさがる裸電球が弱弱しく点った。暗がりのなか、奥へ奥へと足を進め、金目のものはないか、しかめ面3人の男の目が荷物を物色する。その時だった…、

「うわー！ なんだこりゃ！」

暗がりで、突然、誰かが叫びだしたかと思うと、手足をばたつかせてもがき始めた！

な、なんだというのだ。

するとまた…、

「うわー！ オレもだー！」

別の男も騒ぎ始めた。必死で体を叩いているようだ。一体なんだ!?

恐る恐る自分の体へと視線を落としてみると…、

「うぎゃー！」

な、なんということか、ゴマ粒みたいな小さな虫がびっしり！ なかには私の体の上をぴょんぴょん跳ね回っているヤツもいる！ ノ、ノミか！ ノミの大群だ！

たまらず外に駆け出す3人の男。道の真ん中で必死になって着ている物を脱ぎだす。取っても取ってもキリがない。痒いといったらない。

Kはというと、後から悠々と倉庫を出てくる。どういう神経をしてるんだ？

体にこびりついたノミと遊びながら、

「ああ、かわいいノミたちだ」

なんて言ってる。

ついには、スッポンポンになって裸踊りをする我々3人。それを見て笑い転げるK、カップ酒の日雇い労働者たち。真夏の炎天下の中、とんだ出し物を披露してしまった。

騒ぎがひと段落してから、4人は薬局でDDTを購入し、体、衣服とノミの根絶に努めた。しばしの休戦。落ち着いて見てみると、Kはほとんどノミに刺されていなかった。ノミにもまずい体質なのか、はたまた、布団を提供してもらった家主へのノミの恩返しなのか、結局はこの差押えはノミに救われた形になった。倉庫は後に大手銀行が買い取ることになり、その際に税金も立て替えられた。KといいNといい、ドブ板あたりでしぶとく生き抜いてきたパイラーたちは本当に悪運が強い。ノミの様にしぶとい。私もさすがに閉口した。

もっともこのあとKは、国税庁の追徴課税が後々まで響いて、事業は最後まで盛り返すことはなく、徐々に衰退して結局は没落してしまったようである。Nの方も、その後の噂はついぞ聞くことはなかったので、あるいは似たような道を辿ったのかもしれない。商売は正直に行うのが、結局のところ一番良いのではなかろうか。

そんなKのその後の運命についてなどつゆ知らず、我々3人はかゆい体をかきむしりながら事務所へと戻った。刺されたところが膿み始めて赤くなっている。自分の机に戻ると、その日の残務整理。無駄になってしまった書類の後片付けをしたり、日報をつけたり。それも思うようにはかどらない。

ぼんやりとKについて考える。

「これからどんな手を打てばいいだろう」。

体はかゆいを通り越して痛み始めているようだ。こりゃたまらない。

その時だ。ふと足元に目をやると、見慣れた小さな体が、目の前を、

「ぴょん！」

ま、まだいたのか！　ノミはもうこりごりだ。

視点

この2つの案件では、典型的悪質滞納者であったパイラーたちに、してやられることとなった。パイラーNの件では、明らかに県税の人選ミス。適任かどうかは、役職、立場だけで決められるものではない。現場で仕事ができるかどうか、これがいちばん重要なこと。判断を誤ると、とんでもないことになる。Kの場合は、思わぬ伏兵にやられた。さすがにDDTまで現場には持っていかなかった。

○第8話

不渡りの輸入洋酒会社でヤクザ者とガチンコ！

これは、横須賀県税時代の、思い出深い後輩・I君の担当として、I君と一緒に取り組んだ案件だ。I君は一般の部署から、異動で県税にやってきたばかりの新人だった。新人といっても異動だったので歳は30代半ばだっただろうか。一般職からの異動ということで、納税経験は短かったのだが、やる気に満ち溢れ、滞納整理の仕事に興味を持って意欲的に取り組み、私は、私のノウハウを彼に伝えようと考え、目をかけた、そんな間柄だった。

さて、本題に入ろう。

ある日の朝、I君が大慌てで私の机に、１枚のファックスを片手に飛んできた。

「課長、Y社不渡りですって！」

Y社というのは、洋酒を輸入している商社だった。以前からの滞納が１８０万円ほどあり、I君の担当となっていた。県庁では、帝国データバンクと契約しており、定期的に倒産情報をファックスで各県税事務所に送ってくるのだ。

「ほんとか、倒産か…。これは早く手を打った方がいいぞ」

早速、I君には、Y社の取引銀行に行かせ、口座を押さえさせた。滞納が発生した時点で、事前に口座を調べてあったのだ。

午前中のうちに、I君は取立《※とりた》てを済ませ、県税事務所に戻って来た。体格のいいI君は、息を切らせながら、こう報告した。

取立て
滞納者が任意で納付しない場合に、預金を差し押さえ、銀行等から滞納者に代わって支払いを受けること。

「口座にはもう40万円くらいしか残っていませんでした。あと残り１４０万円どうしましょう」

残り１４０万円。どうしたものか、とにかく現地に行ってみよう。たまたまY社の事務所は、県税事務所から徒歩10分ほどの近場にあった。

「よし、じゃあ、ちょっくら行ってみるか。歩いても大したことない」

「はい！ご一緒します！」

ごみごみしたオフィス街の一角に、目指すビルはあった。２階にY社の看板。階段を上り、玄関の前まで来ると、何やら中は、騒がしい。怒鳴り声がもれ聞こえる。

「てめえ！もたもたすんじゃねえぞ！」

「おら、さっさと、持って来いよ！そのテレビもこっちだ！」

一人の男が、Y社の社員たちに向かい恫喝している。

「ヤクザもんの取立てじゃないですか？ちょっとまずくないですか？」

とI君。

「なあに、こういう時こそ、我々の出番だ。まあ見てなって」

勢い良く玄関を開けると、カウンターへ進み、険しい表情で受付に告げる。

「県税事務所だが、責任者を出しなさい」

怯えた表情の従業員が応える。

「責任者はいません。今いるのは一般従業員だけです。管理職は一人も来ていないんです」

「それならば、ここにいる中でいちばん上の人間でよろしい、呼んできなさい」

すると、50代半ばくらいの男性を連れてきた。

「これから未払い分の税金の滞納処分をするので立会いなさい」

困ったような表情を見せる男性。

ここで、ヤクザ者がやおら口を開く。

「お前なんだ？ 後から来て、何ゴチャゴチャ言ってやがんだ？ あ？」

ここが肝心。険しい表情のまま、初めて気づいたように、ヤクザ者の方へ向き直り、睨みを利かして答える。

「県税事務所だが、あなたは？」

「オレは債権者《※さいけんしゃ》だ」

「私は今、職務により強制執行《※きょうせいしっこう》中だ。部外者は退去しなさい」

「てめえ、何言ってやがんだ！ こっちゃ、先来てんだぞ、あ？」

「先もへったくれもないですな。こちらには職務権限がある。あなた方一般債権者は裁判所を通さないと取り立ては出来ないはずですが。ご存知ありませんか？」

「ナニを？ このヤロー！」

債権者
ある人（債務者）に対して一定の給付を請求する権利を持つ者。税においては、公共団体が債権者であり、滞納者が債務者である。

強制執行
相手の意思に関係なく、差押え等の権力を行使すること。

「邪魔だてするのなら、明らかな公務執行妨害になりますよ。それとも警察とお話しますか?」

「偉そうに言うんじゃねえぞ、このヤロー！」

「あなたの出る幕じゃない、立ち退きなさい！」

「オメーにそんな権限あんのかよ!?」

あるのだ。税務職員には一人ひとり『自力執行権《じりきしっこうけん》』※を与えられている。一般債権者にはもちろんない。

「当然だ！」

きめゼリフ一喝、ヤクザ者を締め出すと、ドアの鍵をかけた。

「ガチャン！」


目を丸くするI君。そして、Y社の社員たち。

きょとんとしたままのI君にこう指示する。

「模造紙とマジックをもらって来てくれ」

言われたものを抱えてそそくさと戻ってきたI君にこう続ける。

「これからオレが言うことを大きな字で書いて、ドアに貼ってくるんだ」

「キュッ、キュッ、キュッ」

自力執行権
民間人が債権を強制的に実現しようとすると、裁判所を通してしか出来ないが（自力執行の禁止）、徴税吏員には一人ひとり執行権が与えられている。

音も良く軽快に模造紙に書き込み、そしてドアに貼り付けるI君。
『現在、滞納処分執行中のため、部外者の立入を禁ず。
横須賀県税事務所　徴税吏員　篠塚 三郎』
ヤクザ者はというと、しばらく恨めしそうに室内を覗き込んでいたが、やがてあきらめたのか、そのうちに姿が見えなくなってしまった。

ここで、事務所内の空気は一気に切り替わってしまった！

先ほどまでは、一人のヤクザ者の怒号に、社員一同恐々として、為すがままになっていた。生きた心地もしない。気の毒なものだった。ところが、そこに一人の県税職員が現われ、ヤクザ者一喝、追い返してしまったのだ。

「へ～、この人って、税務職員ってすごいんだ！」

それはそれは、頼もしく映ったらしい。すっかり公務員を見直したようだ。一躍注目の眼差しを集める。その場の空気を、すっかり自分のものにでき、ペースをつかんだ私にとって、その後のやり取りは実にスムーズなものとなった。

「帳簿を持ってきなさい」

「はい！」

「ここに記されている書類を持ってきなさい」

「はい！ すぐお持ちします！」

　I君と二人、それらをチェックしていると、

「これどうぞ、お二人で召し上がってください」

と、ジュースなんか差し入れてくれる。

「うわあ、すいません、ありがとうございます！」

とI君。

　自分たちだって大変な時なのに、お気遣い、ありがたいものだ。

　ゆっくりと話を聞いてみると、彼らも素直に事情を話してくれた。

　会社は倒産してしまったのだが、彼らは有志で集まり、残務整理その他をやっていたのだそうだ。例えば、まだ動いていた商品があった。後で代金を受け取る約束で引き渡した商品の、※売掛金《うりかけきん》の回収があった。代表者ら、役員はとんずらしてしまったが、残された社員で集まり、回収した代金から、せめて最後の給料を分かち合おう、と一致団結していたのだそうだ。

　集めた代金は、残った従業員の中の代表者、先ほどの男性の口座に一括して集めているという。口座にはその時点で６００万円ほどの回収金が入金されており、そのうちの１４０万円は未納税分として、収めさせてもらった。残りのお金は彼らのもの。それぞれ、再起

売掛金
商品を売って、すぐに支払いがされず売った人が買った人に対して持つ権利（売掛債権）。支払い請求権。買った人は、買掛金（買掛債務）という。

にかけ、がんばってもらいたい。

帰りの道すがら、缶コーヒーを片手に、I君が少々興奮気味に話す。

「うちの課長は、すごいすごいって聞いてたけど、やっぱ、ホントにすごいすねえ！　オレもあんな風にやってみたいなあ」

何かしら、いい影響を与えられたとしたら、私も嬉しい。

「けど、あのヤクザ者を締め出したときは気分よかったなあ。私も胸がす〜っとしましたよ」

そうなのだ。本当は、我々県税職員は、その気になれば、れっきとした権限を持っているのだ。ヤクザ者に臆することはない。ところが、職員でさえそのことを知らない者が多い。現場ではおっかなびっくり、ヤクザ者でもいようもんなら縮こまってしまう者も多い。せっかく持っている職務権限は、ちゃんと使わないと意味がないのだ。今日みたいな場面では、きちんと現場を仕切らないと、ヤクザ者はのさばるし、残された社員も右往左往するばかりだ。

「やっぱ課長みたいになりたいっすよ。これからもいろいろ教えてください！」

頼もしい限りだ。I君には、是非がんばってもらいたい。これから先が楽しみだ。

視点

行使できる権限を、自信を持って行使したまで。国税徴収法に定められた捜索を行う場合に、処分の執行に支障があると認められるときは、滞納者等以外の者に対してその場所に出入りすることを禁止することができる、と国税徴収法第１４５条に定められている。このことを、税務職員でも知らない者もいる。知らなければ適用できない。

○第９話

お大尽柔道家の相続でひともんちゃく

これも、横須賀県税時代、I君の担当として二人で取り組んだ、非常にややこしい案件であった。

柔道場というものは、うまく経営すると結構収益があるものなのか。

横須賀で道場を開いていたその柔道家は、門下生をいっぱい集め、大変な繁盛振りだった。有名な、三船久蔵の弟子とかで、本人も、柔道界では結構名が知れていたようだ。道場に留まらず、その潤沢な収益から商売を広げ、喫茶店、不動産屋、靴屋と、それはそれは手広くやっていた。駅前にはビルを3つも所有していたのだから、大した資産家だ。

ところが、あまりに精力的に働きすぎたのだろうか、気の毒なことに、ある時、過労でポックリと急死してしまった。さて、残された会社はどうしよう。いた仕方なく、奥さんが社長の座に座った。この奥さん、踊りの先生をやっていて、町内会長を務めるなど、町ではちょっとした有名人だったが、仕事にはまったく関与していなかった。

当然、商売はそんなに甘いものではなかった。とたんに悪い連中につけこまれ、食い物にされてしまった。ヤクザものや詐欺師みたいな連中が群がり、「こうすると儲かる、ああすれば儲かる」と、騙して出資をさせては、財産をむしり取っていったのだ。会社は坂道を転げ落ちるようにダメになっていった。

そして、滞納は発生した。

借金を返済するため、奥さんはビルを売却した。この時莫大な譲渡益が出て、ここに課税がされるわけだが、肝心の譲渡収入そのものは借金の返済に充てられる。したがって、税金に回すお金は無くなってしまい、払えなくなる。そんな訳で、法人事業税・県民税という法人二税の滞納が3500万円ほど発生した。

ところが悪いことは重なるもの。ここで、奥さんの方も、心労と過労が極まったのだろう、急死ということで、亡くなってしまった。残された10人の子供たちは、骨肉で、熾烈な相続争いを始めた。収拾がつかなくなり、県税職員も手が付けられない。結局、多額の税額は納付されず放置されていた。

と、ここまでが、私が横須賀県税に来るまでの経緯だった。

その当時、担当していたI君も、あまりのややこしさに根を上げた。

「課長、この案件どうしたらいいんでしょうか。さっぱりお手上げですよ。どこから取ればいいんでしょう」

ここで私の出番となった。

「経過票見してみなよ」

経過票とは、「滞納整理経過票」のことである。滞納者と県税とのこれまでのやりとりの一部始終が書いてある。読み進めていた私は、柔道家が起こした会社の形態に着目した。

「合名会社」

合名会社とは、無限責任社員で構成されていて、会社が倒産したような場合、社員全員が、個人の財産まで追及される法人である。

つまり、奥さん個人の財産も税の取り立ての対象となるのだ。今現在、10人の子供で争っているその財産だ。争っているということは、持ち崩したとはいえ、まだかなりの財産が残っているということだ。

「これは多分いけるよ。まず奥さんの財産調べてみな」

翌日、I君が、早速、結果を持って私のデスクまで来た。

「駅前のビルが、まだ奥さんの名義でした。でもここは、今、国税局が押さえてます。他の財産については、わかりませんでした」

I君が、渋い顔をする。

「こうなれば、本人たちに聞くしかないな。一人ずつ県税に呼び出して、事情聴取しよう」

翌日から、I君と私、そして相続人である柔道家の子供一人ずつとの三者面談が始まった。10人のうち、2人はすでに相続を放棄していたので、残る8人と順番に会うことになる。かなり根気のいることだ。

事情聴取をしていて、いちばん閉口したのは、互いが互いの悪口を言うのを聞かされること。皆それぞれ、自分の取り分から税金を取られたくないもんだから、なんとか、我々の目を他へ向けさせたい。よって、誰か、他の者を悪く言うのだ。あまりみっとも良いもんじゃない。

「お金持ってる人の感覚ってわかんないですよね」

とI君。

まったくその通りだ。私もそう思う。

聞き取りをして、いろいろなことがわかった。

まず、国税局が押さえている例のビル。1階はアダルトビデオ屋、2階以上は賃貸マンションなのだそうだが、ここからの家賃は、兄弟のうちのある一人が取っているということだった。それが誰なのか、はっきりはしていなかったが、「たぶんあいつじゃないか」、と噂にあがっている人物がいた。これは国税局でも見逃していたようだ。

そして、このビルの2階のある1室に、亡くなった奥さんの持ち物を入れてあるそうで、この中には、相当に価値のあるものもあるらしい。

「前に一度、県税の方にもお話したんですけどね。その時は結局見に来られませんでしたよ」

これはよろしくない。こちらの落ち度だ。

「じゃ、私が見に行きますよ」

早速、I君と一緒に、現地へ行って見ることにした。

兄弟の一人に連れられ、見に行ったそこは、マンションの1室を倉庫代わりに利用しているもので、造りは他の部屋と同じだった。所せましと荷物が置かれている。引越し用ダンボールにつめられ、運び込まれたままの状態になっていた。

「ハークション！うひゃあ、このホコリたまんないすね～」

確かにすごいホコリだ。

「課長、真っ黒ですよ！」

ワイシャツから鼻の中まで、ひどい状態だ。

いろいろ物色してみると、確かにめぼしいものがたくさんある。

鎌倉彫のタンスが10竿はあるだろうか、これはすごい価値だ。絵画は15点ほど、中にはタタミ2畳ほどの大きなものもある。かなり期待ができるものもあった。他には着物・帯の類。聞いたところ、駅前のSデパートに担当の社員がいるくらいの上客だったそうだ。着物が300着、帯が200本くらいもあるだろうか。その他には、置物・陶器などなど。

「I君、これはすごい価値だぞ」

何万点もの、宝の山だ！

その2～3日後、早速、我々は、現地差押えを決行すべく、マンションに集結した。非常召集をかけ、県税職員を集められるだけ集めたのだ。

「明日やるからトレパンを履いて集合すべし」

トラックは4トン半を2台用意した。

長男はじめ、兄弟のうち3人ほどが立ち会った。

I君に指揮を取らせ、集まった職員が一斉に運び出しに取り掛かった。全員がホコリとの格闘。あっちこっちでくしゃみが連発する。これだけの大人数でも、たくさんの荷物と1つしかないせまい戸口で、作業はなかなか進まない。

作業中盤、I君が、長男とともに私のところに相談にきた。

「こちらの方が、課長に相談があるそうです」

「どうされましたか?」

「いえ、差押えされる品物について、なんとか、ご相談に乗っていただきたいことがありまして…」

長男から、話を聞いてみると、こうだった。荷物の中に、彼らの父上の師匠、有名な三船久蔵が書いた立派な書があり、これは家宝なので、これだけは差押えを免除して欲しい、ということだった。長男に連れられて現物を見に行ってみると、確かに立派なもの。この中ではいちばん高価なものかも知れない。惜しいところではあるが、彼らにしてみると、これは、掛け替えのないものなのだろう。

ここは温情だ。

「わかった。大事にしなよ」

「ありがとうございます！」

このことに対して彼らは相当に恩義を感じたようだ。長男を筆頭に、兄弟たちがトレパンに着替え、運び出しに参加してくれたのだ。それどころか、私たちにジュースなども振舞ってくれた。多少恐縮。

「厳しくするだけではダメなんですね。相手のこともちゃんと理解してあげないと…」

とI君。

「そ、そうだな」

少しだけ苦笑い。美談に水を差すようだが、私の方にも、他から取れる、という算段があったのだ。これは、この後でお話しすることになる。


運び出した品物は途方もない量となった。当時、神奈川県の公売は南県税事務所というところで行うので、そこに運んだが、置き場はすぐにいっぱいになってしまい入りきらなくなってしまった。そこで車庫にも詰め込んだが、それでも入らない。そこで、残りの着物類は横須賀県税まで戻り、会議室に運び込んだ。

南県税の分はきれいに掃除して、業者に見てもらったところ、概算で１０００万円ほどの値がついた。こちらはこんなものだろう。

次に、着物の方は、Sデパートへ値段を聞きに行った。奥さんの注文のしかたはいつもこんな具合だったそうだ。「今ある生地で一番高いので1着作っといて」。それだけ高価なものが、おびただしい数あるのだから、よほどの金額になるだろう、と期待して行った。ところが、店員曰く、

「二束三文ですよ」

なぜだろう。説明を聞くと、こんな内容だった。例えば、作る前は1着あたり100万円の生地であったとしよう。しかし、一度、誰かの寸法で作ってしまうと、その途端に10万円になってしまう。そして、一度着てしまうとそれが5万円になり、何年も経つと、ほとんど二束三文になってしまうということだそうだ。結局、全部あわせてわずか300万円ほどの見積もりだった。1着1万円にも満たない勘定だ。

結局、南県税事務所の分と、横須賀県税事務所の分とを合わせて1300万円ほどにしかならなかった。残り、2000万円。さて、どうしたものか。

残るのは、例の家賃収入。兄弟のなかで誰が取っているのか、それを突き止めるしかない。

マンションの住民に、家賃の振込先口座名を聞くと、それは兄弟の誰のものでもなかった。ここでは例えば『横須賀久蔵』としよう。こんな感じの、いかにも偽名っぽいもので、

ここからは誰が取っているのか割り出すことは出来なかった。

しかし、私の中では、すでにアタリはつけてあった。８人の証言をつき合わせて行き、整合性のあるものを消去していくと、いくつかつじつまの合わないものがあった。その中でいちばん怪しいもの、その証言をした者に違いないと踏んでいたのだ。それは、兄弟の一人、自営業を営んでいるX男であった。

「ここはひとつやってみるか」

確証はなかったが、一か八かやってみることにした。I君を伴って、X男の事務所に乗り込んだ。

「あんた、ホントは家賃受け取ってるんじゃないか?」

「いや、私は知りませんよ」

「ホントに知らないね？」

「勿論、知らない」

「じゃあ、横須賀久蔵って名前知ってる? これ、あんたの偽名じゃないのか?」

「聞いたこともありませんよ」

「あんた、どっかに横須賀久蔵の通帳とハンコ隠してるんだろ?」

チラッと、私の後ろの机の引き出しを見た！

これは、間違いない、行ける！

「隠してないって言うんなら、この事務所の捜索をさせてもらうよ。もし、出てきたら、あんたが、家賃を受け取ってるってことだ。もしそうだったら使っちゃった分まで追求するからな。自分で白状すれば、使っちゃった分は見逃してやるが、どうする?」

見つかるかどうかは、やってみないとわからないから、初めから、駆け引きをするつもりだったのだ。何せ、探すのは大変だ。だけど、もう場所は分かった、私の後ろの机の引き出しだ。

「ど、どうも、す、すいません。私です」

白状したかと思うと、立ち上がって私の後ろへ回り、机の引き出しから横須賀久蔵の通帳を出してきた。ほらやっぱり。人間、「どっかに隠してんだろ?」と言われると、ついそこを見ちゃうものなのだ。

通帳には、400万円の残高があり、毎月、60万円ほどの入金があった。これを押さえれば、2年ほどで滞納全額が支払われることになる。最初から、これは取れる、そう踏んでいた。思ったとおりだった。

帰りは大雨。使った分を見逃してもらったX男は、すっかり恐れ入って、私たち二人を車で県税事務所まで送ってくれた。

※得た利益の範囲内で第二次納税義務を負うことになる。

その晩、一杯やりながら、I君は興奮気味に話した。

「やっぱり課長はすごいなあ！　びっくりしましたよ！　白状させた上、車で送るっていうんですよ！　しびれちゃうなあ」

彼にとって、私から学び取ってくれることがあれば、私も嬉しい。私も、彼を後継者として期待した。全てはうまく行っていた。


悲しいことは、その後に起こった。

この案件が、彼との最後の大きな仕事となった。

その後、私は、横浜県税事務所に異動となった。その時、私は、I君を係長に推薦したところ、係長に登用され、横浜に一緒に行くこととなった。

横浜県税に異動してから、I君は目の色を変えて仕事に打ち込んだ。朝も5時から出勤し、夜遅くまで、そんな日々が連日続いた。

「あんまり没頭しすぎたらダメだ。自分の時間をちゃんと持って、たまには運動でもしないと、体に悪いぞ」

悪い予感はあった。だが、私の忠告を聞きいれなかった。

「これ、今週中にやっとかないとマズイんすよ」

そんなイキイキとしたI君の顔が今も浮かぶ。

病院から連絡が来たのは、そんなことが続いたある日の朝だった。

未明に、奥さんが気がついたときには、体温が34度と冷たくなっていた。

明け方5時ごろ、休日急患病院の門を叩いた。

「過労だから今日は安静にしていたほうがいい」

医師の診断を受けている最中に突然倒れてしまう。

設備の充実した横浜市立大病院に緊急搬送。

集中治療室、心臓マッサージ。

一命を取りとめた後もつらい現実は待っていた。

半身不随、口も利けない…。

過労だった。

ずっとあとに、役所に復帰したそうだが、結局、続かなかった。ひどいことに、人事の上の方から、辞めざるを得ないような、やんわりとした働きかけもあったようだ。

このことに、私は強く責任を感じている。

奥さんにも、今だに、顔向けができない。

彼は、私の仕事ぶりに憧れを感じ、私のようになろうとしていた。異動した横浜で、私の期待に応えようと、私に恥をかかせまいと、懸命に励んでいた。そのことが、彼に無理をさせたのだ。

私は、幸いながら自分に向いている仕事に恵まれ、東へ、西へ、駆けずり回って、数字を叩き出した。だけど無理をしたわけではないのだ。むしろ、自分の時間を大事にした。遅刻だってしたし、残業なんてきらいだった。仕事中息抜きすることだってあった。自分の時間は、自分の手でむしり取ったのだ。うまくガス抜きしたことは、間違いなく成績に反映されたと思う。

だから、これを読んでいる若い人に、是非このことは知っていてもらいたい。

私たち人間は、命を養うために働いているのであって、決して命を削るために働いているのではないのだ。

このことを分かってもらいたい。

I君のような悲しい目には、もう誰にも遭ってほしくはないのだ。

視点

複雑にもつれた糸をほぐしていく作業は、いつだって根気のいるものだ。滞納整理経過票に丹念に目を通し、「合名会社」の記述に着目し、8人の相続人から、一人ひとり事情を聞き、奥さんの財産にたどり着き、差押えに踏み切った。そして、横須賀久蔵の正体を推理し、X男との駆け引き。面倒がらずに手数をかけたことが結果に繋がった。

○第10話

某有名政治家のご令孫
滞納と資産隠しの手口

長い徴税吏員生活のなかでは、実にいろんな人の滞納整理に携わってきた。その中では、某有名政治家のご令孫なんていう方もいた。某有名政治家とはどんな方かというと、１９５０年代には大臣を務めた事もあるようなご高名な方だ。おっと、これ以上は、お話しするわけには行きません。仮にそのお孫さんをＹ氏として、この案件についての物語りをお話するとしますか。

あれは、私が保土ヶ谷県税事務所にいた頃のこと。ある日のこと、棚上げになっていた様々な案件の資料に目を通していたとき、８年前のある１つの滞納が目に留まった。滞納者はＫ興業という保土ヶ谷にある会社。滞納整理経過票に目を通すと事の次第はおおよそ次のようなものだった。

Ｋ興業は、某有名政治家の孫にあたるＹ氏が代表を務める会社。資産家の一族であったＹ氏が、何か事業を起こそうと始めた会社のようだった。ある時、Ｋ興業は、静岡市内で養鶏場の経営に乗り出そうとした。タマゴを販売し、また、フンも肥料として売り出そうというのだ。これに対して、まず、最初の障壁、地元の住民たちによる猛反対が起きた。養鶏場の臭いがたまらないというのだ。なんとか反対を押し切って、開業に踏み切ったのだが、元来、お坊ちゃん気質があったのだろう、経営はうまく行かなかった。商売を知らなかったのだ。フンを売るといってもそう簡単には行かない。もちろんそのままでは売れない。売るためには、まず、乾燥させる必要がある。その過程で、少しでも餌が混ざってしまうと、もう肥料としては使えなくなってしまうのだ。餌が種として発芽してしまうからだ。芽が出る肥料なんて聞いた事がない。フンの販売は思うようにいかず、経営はあっという間に傾き、膨大な借金を作り上げてしまった。そこで、資金繰りのために、土地を売却した。ここで譲渡所得《※じょうとしょとく》が発生し、これに課税がされたわけだが、肝心のその譲渡益は借金の返済に充てられたので、当然、税は払えない。ここに多額の滞納が発生したのだ。法人事業税と県民税、いわゆる法人二税で5000万円ほどにもなった。

それが8年前。その後の8年間で、県税事務所として行った処分は、電話加入権を一件差し押さえられたぐらい。税金の場合、5年経過すると時効となるが、その間に一件でも差押えがあると時効はストップする。そのため、時効は中断されていたが、養鶏場は結局閉鎖し、K興業は、現在は仕事もやっていないし、財産もない、ということだった。K興業の経理担当課長を折衝に呼び出すと、いつも、「仕事はやってない、財産もない」の一点張り。「自分の財産も質に入れてるほどだ」なんて、「払えない」パフォーマンス・ワンマンショーを1時間ほどやって帰って行く。財産調査をするも「発見できず」。滞納整理はストップしていた。

というのがこれまでの経過であった。が、どうも腑に落ちない点もある。仕事をしてい

譲渡所得
不動産などを売ったときに、得られる所得。

ないK興業で経理担当課長は一体何をやっているんだろうか。自分の私財も投入して、もはや存在してると言えないような会社に8年間も尽くすという美談が、よほどの恩義でもあれば別だが、一体世間にどれほどあるだろうか。もう一度、滞納整理経過票を見返してみると、調査が不十分な点もある。「財産発見できず」の件《くだり》には調査したという証拠が添付されていない。通常だと、こういう調査の時は、銀行への照会書や回答書が添付されているが、そういったものがないのだ。とりあえず、ここから始めてみよう。

K興業の本店所在地は保土ヶ谷区。そこで、まず保土ヶ谷区に、財産の有無について照会してみた。すると、結果は、意外にもいとも簡単に返って来た。なんと、アパートを2軒も持っていたのだ！　入居者もいる。賃貸収入、そして財産があったということになる。「財産調査をするも発見できず」というのは、我々職員の手抜きだった。やったフリをしていただけだったのである。これは恥ずべきことである。

他にもあるはずだ。今度は、養鶏場があった静岡市に照会してみた。するとこちらでも、土地が少しあるという返事が返ってきた。それと「以前は何万平米も持っていた」というコメントがついていた。広大な土地だ。この土地はその後どうなったんだろう。この点をもう少し調べてみよう。静岡市に電話してみた。

「これだけの広い土地を、その後、一体誰が買ったんでしょうか？」

「ええ、ちょっと待ってくださいね。ああ、これはウチの職員が取得していますね」

「ええ!? それだけの広い土地をですか？ その職員の方は、ずいぶんと、お金を持っていらっしゃるんですねえ!?」

「どうですかねえ、これは、ウチの、静岡市役所の運転手ですけど、たぶん、そんなにはお金を持ってはいないと思いますよ」

これはおかしい！ 何か臭う。どういうことなんだろう？ そこで、すぐさま静岡市へ足を運んでみた。とにかく、その運転手に会ってみよう。

静岡市役所の応接室で会った運転手は、歳の頃50代前半の、いたって普通の中年男性だった。一見して、財産を巡ってどうのこうのという、きな臭いこととは、無縁のように見える。

「あなたは、あの広大な土地を、誰に斡旋されて買ったのですか？」

「私はあの土地を買ったわけではないんですよ」

「登記簿上ではあなのた名義になってますよね？」

「あれは、私の姉に、名前を貸すように頼まれたんですよ。なんでも、このままだと差押えになっちゃうとかなんとかで」

「あなたのお姉さん？」

「そう、私の姉は、あそこの持ち主の連れ合いなんですよ」

そうだったのか！

運転手の姉というのは、Y氏の妻だった。これで全て合点が行った。財産を隠すために自分の弟である運転手の名義という事にしたのだ。無駄なあがきだ。

「ご存じないかもしれませんが、差押えを免れるために、名義変更に協力をすると、法律により罰則を適用されますよ。悪くすると、懲役を科せられることもあるんですよ。２年以下の」

そうなのだ。※『国税徴収法《こくぜいちょうしゅうほう》』の１８７条にそう定められている。県もこれを準用することになっている。

「納税者が滞納処分の執行を免れる目的でその財産を隠蔽し、損壊し、国の不利益に処分し、又はその財産に係る負担を偽って増加する行為」――この行為には法律により罰則が適用されるが、本人だけでなく第３者が、事情を知った上で、この行為の相手方になった場合も「２年以下の懲役若しくは30万円以下の罰金に処し、又はこれを併科する」と定められているのだ。

これを知った運転手は、すっかり泡食ってしまった。普段は、悪いことなどできない、実直な人なのだろう。気の毒な部分もある。

「ど、どうすればいいでしょうか？」

「そうですねえ。で※は、取引しましょうか。我々の滞納整理に協力してくだされば、名義

国税徴収法
本来は国税を徴収するための法律であるが、地方税の徴収もほとんどこの法律で行うよう定められている。

変更に協力した件は不問に付します」

ということで、運転手には一筆書いてもらうことにした。

「名義変更は架空のものであり、名義を元に戻すのにいつでも協力します」と。

これで、全ての材料は揃った。ここで、改めて、県税事務所にK興業の経理課長を呼び出した。

「これまで、度重なる折衝で、あんたのとこには財産はない、と言い張ってきましたね。だけども、実際、財産はあるじゃないですか。ふざけたこと言わないでいただきたいですな。これ以上話し合いをしてもしょうがない、早速、差押えしますよ」

「財産がある、ある、って一体どこにあると言うんですか?」

経理課長は探りを入れてきた。我々がどこまで知っているのか気になるのだ。

歳の頃50代半ば、小柄でよくしゃべる、調子の良さそうな人物だ。

「保土ヶ谷にアパートがあるじゃないですか。2棟も」

本当は静岡の物件が本命だった。しかし、こちらは伏せておいた。でないと、手を打たれる可能性がある。売却されて現金化されると、探すのが難しくなるのだ。

「あそこ押さえられると万事休すですよ! なんとか勘弁してもらえませんかあ」

白々しいものだ。こちらは広大な土地の情報を持っているのだ。

※税の場合には、税収確保が最大の目的であり、税収が確保できるのであれば罰則の適用は消極的でもよいと思料される。

「とにかく、もう期限はとっくの昔に過ぎている。こちらはいつでも押さえられるんですよ。よい返事がないのなら、すぐにでも差し押さえますからね」

どうせ、何も返事はないに決まっている。この折衝後、数日は待たずに、すぐに差押えを実行した。保土ヶ谷のアパートではなく、本命、静岡市の物件の方を、運転手に連絡を取り、職権※で名義を変更して、差し押さえたのだ。

2～3日で経理課長は飛んできた。

「あそこは売却の話が出てて、今、進めてるから困るんですよ。解除してもらえませんかねえ」

「解除はできません。税金を払わなけりゃ、押さえるのは当たり前の話でしょう」

「そこをなんとか、ひとつ…」

「駄目なものは駄目です！」

「わ、わかりました、わかりました。じゃあ、手形でどうですか？ 手形入れますんで、解除してもらえませんか？」

「どこの手形？ 信用できるんですか？」

「埼玉にあるC社です」

C社…。すぐには判断がつかなかったので、一旦、経理課長はそのまま帰し、埼玉県庁

※ 不動産登記法で権限が与えられている。

に問い合わせたところ、

「埼玉では五本の指に入る優良企業ですよ」

ということだった。

どうやら手形そのものは信頼できるもののようなので、後日、経理課長に持って来させ、不動産の差押えは解除した。手形の支払期限は12月30日。正月休みの自宅に、銀行から「無事落ちた」との連絡が来た。これで、約8年分の延滞金を含めて、1億円もの高額の滞納が無事に完済されたのだ。


資産家は、概して財産を隠すものだ。大げさだけど、それぐらいの気持ちであたらないと、見つかるものも見つからない。抜け目のない経理課長、そして、我々職員の手抜き。ちゃんと調査していなかったこちら側も悪いのだ。結果、生み出された8年の長い長い攻防。これでやっと終止符が打てた。

さて、この案件を解決してから、私には、ちょっとした、嬉しい『ご褒美』があった！この案件、そして、先にお話した、『「乗っ取り屋」の手に落ちた、茅ヶ崎のシンボル』の2つの大きな案件を解決したことで、なんと私は『知事表彰』をもらえることとなった。普通は、人命救助などの目覚しい功績があった場合だけにもらえるような、自分で言うのもなんだが、輝かしい表彰である。県庁職員、教員、警察官など10万人からいる神奈川県職員から、たった5～6人ほどしか選ばれない大変な栄誉だ。

受賞当日、場所は、本庁舎の古い立派な式場だった。トップバッターで、名前を呼ばれ、オペラ座のような演壇に意気揚々と進み出る。一段高いところから、格調高いその大広間を望むと、なんとも気持ちの良いものだ。賞状は知事から直接手渡しされる。時の知事はなんと、『地方の時代』を提唱した、あの高名な政治家・学者、長洲一二知事である。

「立派な働きをし、良い成績を収めてくれました。ありがとう」

温かい言葉。

「やったぜ！」

出世街道からは縁遠く、現場一筋、駆けずり回ってがんばってきた私にとって、この上もなく嬉しいひと時となったのだ。

視点　前任者がつけた整理記事のなかに、すでに障壁があった。鵜呑みにせずに、おかしいところはないか、ほころびを見つけていくことが第一歩となった。前任者には様々なタイプの人間がいる。まめな人間、ずぼらな人間、正直な者、面倒くさがる者。自分の感覚とずれがないか、自分の視点で見直してみることが大切だと思う。

○第11話

ボクシングジムの悪あがき

紳士のスポーツ、ボクシングに携わる者が、悪あがきをする姿、なんていうものは、あまり見たくはないものだ。私自身、格闘技は嫌いではなく、ゴールデンタイムには、K—1なんかも喜んでみている。

だから、格闘家には、潔い姿を見せて欲しい、と思うのだが…。

そのジム※は横浜にあった。

東洋チャンプを輩出したこともあったらしく、そこそこ世界レベルの実績を誇っていた。今、テレビでタレントとして活躍している、もと世界チャンプの一人も、有名になる前の一時期、そのジムにいたこともあるようだ。それなりに名声のあるジムであった。

ただ、今ひとつ、一流になりきれないところがあったようだ。その所以《ゆえん》の一つは、会長の人柄だったのだろうか。暴力的で、強引。選手も嫌気がさして、すぐ他へ移ってしまう。それで、有力な選手を何人か逃したようだ。先の世界チャンプもそうだったのだろう。私が、担当した当時で、会長は歳の頃50歳ちょっと。いかにも短気、強引、といったタイプで、見るからに『悪党』といった感じだった。暴力事件は前科6犯、ということだった。

そのジムが、ある時、滞納を出した。

ジム、というか正確には、不動産業だ。会長は、手広く商売を広げ、不動産業にも手を

※ 現存するジムとは無関係である。

出していたのだ。

滞納の内容は、確か、※不動産取得税《ふどうさんしゅとくぜい》だったように思う。70~80万円ほどだっただろう。滞納が発生してからは、手順どおり、督促、度重なる催告、と行ったが、ほとんど梨の礫。折衝をしても、誠意はまったく見られない、という有様だった。

こうなると、後は、差押え、ということになってくる。そこで、差押物件を探すが、なかなか見つからない。

不動産を差し押さえるために、その不動産屋の不動産物件を見つけ出すのは、実は、意外にも骨が折れることなのだ。

なぜかというと、我々は、登記簿を見て、不動産物件のことを調べるが、不動産屋が取得した物件が、課税される頃には、実際には既に、その物件は、他に売れてしまっている、ということが多いからだ。その辺りの事情は、詳しくは、この本の中、『南無三、当座預金の禁じ手！有力実業家との攻防』の中で触れているのでご参照いただきたい。

その他の財産についても、財産調査を行ったが困難を極めた。会長は、差押えを免れるため、実にありとあらゆる手を使って、財産を隠していた。名義を巧みに変えたりしていたのだ。

例えば、宅建協会の保証金も債権譲渡していた。不動産業を始めるときには、宅建協会に、60万円ほどの保証金を入れるのだが、これも奥さんに債権譲渡していたのだ。

不動産取得税
不動産を取得したときに、県から課税される税金。

とりあえず、この点を追求してみるしかないか。

早速、事情を聞くため、本人を呼び出した。

しかし、会長は、※質問顛末書《しつもんてんまつしょ》を作成する段階から、こちらの言うことにはまったく耳を貸さない。まるで、まともに、取り合わないのだ。質問顛末書とは、本人から事情聴取をして作成する書類だ。

「だから、宅建協会の保証金は、なぜ、奥さんの名義になってるんですか?」

「てめえら、何、言ってんだ。てめえらなんかに、いちいちオレ様が答えると思ってんのか!」

「税金を払ってないんだから、事情聴取をするのは当たり前でしょうが!」

「知るか! ばかばかしい、もう帰るぞ!」

「質問に答えない場合、罰則※の適用もあるんですよ。あまりひどければ、告訴しますからね!」

会長は、まったく取り合わずに、さっさと帰ってしまった。

しかし、実は会長、なんだかんだ言って、私の言葉が気になっていたようだ。戻ってから、いちおう顧問弁護士に相談したらしい。「本当に告訴されるのか?」と。「その通りだ

質問顛末書
事情聴取したときに、大事なこと、証拠とすることなどを文書にして残したもの。

※
国税徴収法第141条の質問検査権を行使した場合に、質問に答えないような場合には、第188条で10万円以下の罰金に処すると規定している。

よ」――弁護士は答えたようだ。

後日、もう一度、今度は本人と奥さん両方を呼び出した。しらばっくれないように、配達証明で呼び出し状を送った。「確かに送りました」と、証明つきで郵送してもらうものだ。

顧問弁護士に相談の上、準備を整えていたのだろう、本人と奥さんが、二人揃って県税に現われたのは、それから何日かしてからのことだった。奥さんの印象は、『会長とはいいコンビ』という感じだった。やせて、ちょっときつめな感じ。何か言うと、食ってかかられそうだ。

折衝は別々に行い、質問顛末書をとった。

質問顛末書の作成は、本人確認から始める。

「あなたの住所、氏名、生年月日を言ってください」

これは、既に手元にある。本人の口述とつき合わせて確認する。

相違ない。

そして、初めて本題に入る。

「宅建協会に入れている保証金は誰のものですか？」

「債権譲渡したから女房のもんだ」

「なぜ債権譲渡したんですか?」

「女房から借金していたからこれで相殺したんだ」

「奥さんからはいつ借金を?」

「そんなことは忘れたよ」

「では、なぜ借金を?」

「金がねえからに決まってんじゃねえか」

「じゃ、どこでお金の受け渡しを?」

「事務所だね」

「事務所のどこですか?」

「会長室だったよ」

「奥さんの他に誰かいましたか?」

「いないね」

「じゃ、借りたのは現金?」

「現金だよ」

「金額は?」

「5~600万円だったと思う」

「その金はその後どこへ保管しましたか?」

「会長室の金庫だよ」

「何日間？」

「忘れたね」

「その後そのお金はどうしましたか？」

「いろんな支払いに充てたよ」

「支払先はどこですか？」

「忘れたね」

というような、肝心なことになると『忘れた』ということになってしまい、ちゃんとした回答はなかったのだ。全体の流れの中から、この取引は偽装であると、推定された。

奥さんにも同じ事を言う。

「ご主人は、どういう経緯で、宅建協会の保証金をあなたに譲ったんですか？」

「いえね、それは前にね、ウチの人に、あたしが金貸したんだよ。その肩代わりにって、もらったんだ」

「では、なぜご主人はあなたに借金したんですか？」

「そりゃね、ちょっとあったんだよ。まとまったお金いりようなことがね」

「どんなことだったんですか？」

「そんなことまで、覚えちゃいないよ、こまごまとは」

「まとまったお金ですからね、覚えてないってことないと思うんですが、じゃあ、どこで、どんな風に渡したんですかね。下ろした銀行とか、金額とか」

「…ちょっと、覚えてないわねえ…」

もう調べてある。そんな金は動いていない。

「ほんとは、貸したことなんて、ないんじゃないですか？　顧問弁護士にそう言われたんでしょう？」

結果は、やはり、借りたという証拠はなかった。

両者とも最終的に認めはしなかったが、事情聴取から、※無償譲渡《むしょうじょうと》であることは明らかだ。


法律的には、こういう説明になる。

滞納者から、無償譲渡を受けている場合、その譲渡分につき、※第二次納税義務《だいにじのうぜいぎむ》を負うことになる。

つまり、滞納者から、タダでものをもらっているのであれば、その分は、滞納している税金を払うのに差し出さなければならないということ。

もっと言ってしまえば、いかに、名義を変更して、ごまかそうとしても、本当は会長のものなんだから、その分は、滞納分として払いなさい、いやなら差し押さえるよ、ということだ。

無償譲渡
対価を得ないで物品などを譲り渡すこと。

第二次納税義務
本来の納税者が税金を払えない場合に、納税者から財産の贈与を受けた者などが負わせられる、納税者の税金の支払い義務。

これで、条件は揃った！　奥さんに第二次納税義務を課す。

納付がなければ、奥さんの財産を堂々と差し押さえることができる。

もちろん、宅建協会の保証金をだ。

機は熟した、さあ、二次納税の手続きを進める。上司にも報告する。

「これから、やりますよ、二次納の指定を」

ところがだ！

勢い込んでいたところを、突然、腰を折られた。

上司の弱腰だった。

また、いつものパターンだ。

「そ、そこまでやることないだろう」

またか！

こんなことは、しょっちゅうあった。ちょっと癖のある相手だと、すぐに及び腰になって、事なかれ主義を押し通してしまう。つまり、「何かあると困る」ということだ。せっかくここまで、争ってまで、詰めてきたのに、あっけなく債権放棄だ。住民の貴重な財産である税を放棄し、その一方で、結果的に、まじめな人に重税を課すことに加担する。

ここで断念するのは、あまりにも悔しい。

視点

強引で、短気な会長は、当初、私をまったく相手にせず、こちらの話に耳も貸さなかった。それが、罰則の適用があると知った時点から、態度を変えて、折衝に応じるようになった。実に自分勝手なものだ。しかし、このことが、道を開くこととなった。ただ、結果はご承知の通り、身内の邪魔が入ってしまった。

○第12話

名義書き換え禁止のゴルフ会員権の行方

気の毒な話もあるものだ。

連鎖倒産。

同じ不動産仲間の保証人になったのはいいが、相手が信頼を裏切りとんずらしてしまったのだそうだ。残されたお人よしの社長は、多額の連帯債務《※れんたいさいむ》を抱えてしまった。わんさと押し掛ける債権者たち。運が悪いことに、たまたま不動産取得税を120万円ほど滞納していた。不渡りが出た時点で、誠に気の毒ながら、我々も財産調査に動き出した。こればかりはしょうがない。

その会社があったのは、確か西武池袋線沿線だったと思う。池袋駅から6～7つ目ぐらいの駅だった。住所で言えば練馬だったと思う。なぜ、こんなところにある会社の税を神奈川県の我々が徴収するのかというと、不動産取得税というのは、取引した不動産がある土地で発生するものであり、この税は藤沢の土地の取引で発生していた。したがって、藤沢県税事務所勤めだった我々が、遠く練馬まで足を伸ばしたのである。

当時の練馬の風景は、今とは違って大変のどかなものだった。駅前はそうではなかったが、少し離れると、田んぼや畑が広がるちょっとした田園風景。その中を抜けてしばらく行ったところに目指す会社はあった。

事務所に入ると、中の空気は寂しいもの。散乱する書類や、床に転がる電話機。引き出しは開けっ放しで、ホワイトボードは、何日も前のスケジュールを虚しく書き留めていた。

連帯債務
同一内容の給付について、複数のものがそれぞれ独立して全部を給付する義務を負うこと。

見るからに人のよさそうな、坊ちゃん風の社長は、肩を落として椅子に腰掛けていた。

「藤沢県税だけど、こんな時悪いね。事務所の中、見させてもらうよ」

「いいですけど、もうな〜んにもないですよ」

「仕事だからね。何かあったら差し押さえますよ」

淡々と業務を遂行。事務所中の、金目のもののありそうなところを残らず探す。引き出し、金庫…。

「篠塚さん、金庫の中身があるんだったら、私だってこんな思いしないで済みますよ…」

そりゃそうだろう、返す言葉もない。その時だ。金庫の中の、書類のいちばん下から、2枚のゴルフ会員権が出てきた。

「おう、あるじゃない」

「あ、それですか。それはダメダメ。お金にはなりませんよ。名義変更できないから売れないんですよ。結局、他の人には使えないんです。売れたとしても二束三文ですよ」

ゴルフ会員権には名義変更停止中というものがある。他人に譲渡しても、名義変更が出来ないために、他人には使えないのだ。したがって買う人はいない。

「ふ〜ん、そうかあ」

何度か、裏にしたり表にしたり、しげしげと見る。

「でも、まあ、いちおう預からせてもらうよ」

その後、何か出そうなところは、シラミ潰しに探してみたが結局何も出てこなかった。ほぼ一日の徒労だ。骨折り損だった。手に残ったのは2枚の名義書換禁止のゴルフ会員権のみ。

「どうせ、他にないんなら、ダメもとだ。とりあえずこれ差し押さえるよ」

「もって行きたければご自由にどうぞ」

失意の社長は、実に興味なさそうに応えた。

さて、持ち帰ったはいいが、はたしてこれが金になるかどうか、皆目、見当もつかなかった。練馬の社長が言うには、普通は金にはならない、二束三文のシロモノということだ。どこに聞けばいいだろうか。数日後、ゴルフの専門誌やCMで見かける、ゴルフ会員権を専門に売買している業者を訪ねてみた。

「この会員権なんだけど、売るといくらぐらいかなあ」

「ああ、これはダメですよ。名義変更できないから、買っても使えない。値がついてせいぜい1～2万円かなあ」

せいぜい1～2万円でも値がつくというのは、ごく一部で投資として買っていく人がいるのだそうだ。ひょっとすると将来、名義変更できるようになるかもしれない、その時、売ろうというのだ。しかし、そんな物好きはめったにいない。なにしろ、所有しているだけで年会費が3万円位はかかってしまうのだ。仮に売れたとしても1～2万円では話にならない。やっぱりダメなのか。

しかし、業者が最後に言った言葉が妙に気になった。

「名義変更ができれば、少なくとも…、50万円は超えるんじゃないかなあ」

名義変更ができるかできないか。その差はあまりにも大きい。片や二束三文、片や50万円を超えるというではないか。同じ会員権なのに、両者の価値は天と地ほど開きがある。名義を書き換えることさえできれば…。これはやってみるしかないか。ダメでもともとである。

翌日、この会員権を発行し、管理している会社を訪ねた。様々なゴルフ場から委託されている専門の会員権管理会社だった。住所は、港区のとある近代的なビルの1室。訪ねて行ったところ、小ぢんまりとはしていたが、10人ほどの社員が熱心に働いている小綺麗なオフィスだった。面会を求め、出てきた社長は、歳の頃は60歳過ぎ、痩せ型、バリッとした高級スーツに身を固め、腕時計や貴金属などがピカピカと光る大変身なりのよいジェントルマンだった。高額なゴルフ会員権を求める顧客層から信用を得るには、こうした見た目の第一印象も必要なのだろう。早速、会員権について切り出してみた。

「実は、とある不動産屋の倒産にからんで、お宅で発行してるゴルフ会員権を差し押さえてあるんですが、これが名義変更出来ないものだったので、売るに売れなくて、税金が取れなくて困ってるんですよ。例えば、名義変更できるようにしてもらうわけにいかないんでしょうか?」

当然ながら、簡単には「うん」とは言わない。

「そういった依頼は頻繁にあるんですよ。ただ、決まりですから、もちろん全てお断りしています」

「そこを何とか、やってもらうわけにいきませんか」

「お宅様だけ優遇するわけにはいきません。うちとしては全てお断りしてるんですよ」

「どうしてもだめでしょうか、事情が事情だし、今回だけは例外ってわけにはいきませんかね」

「一度認めますと、原則が崩れてしまいますので」

名義書換を停止する事情は各ゴルフ場でまちまちなようだ。社長の話によると、この時の事情は以下のようなものであったと記憶している。実は、当のゴルフ場は、この時、運営があまりうまく行かずに先行きにかげりを見せ始めていた。「あのゴルフ場は、この先やばいんじゃないか」。不安に感じた会員達が、次々に会員権を手放してもおかしくない。自由に売買されてしまうと、市場価格は値崩れを起こし、さらに不安を感じた他の会員達による契約解除そして預託金の返還請求の殺到という事態にもなりかねない。名義書換を停止にしておけば、安易な売買を抑止することができる、というものだ。

「無理は承知でお願いしてるんですよ」

こちらも引き下がるわけには行かない、やっと見つけた一縷《いちる》の望みなのだ。

「そういわれましても、他の方もお断りしているわけですし、こればかりは」

相手もなかなか首をタテに振らない。それはそうだろう。それなりにステイタスのあるゴルフ場だし、簡単に原則を曲げるわけには行かないのだろう。しかし、こちらも最後の頼みの会員権を預かってきている。なんとかしたい。

ねばること30分くらい。ここは押すしかない、相手も疲れてきている。

「私もね、別に私の利益のためにやってるんじゃないんですよ。これも公務でしてね。公共の利益に関わることなんですよ。一般の人と、公の仕事と、やはり分けて考えてもらうわけには行きませんかね」

「ううん、お気持ちは分かるんですが、しかしですねえ…」

「会社というのは社会的責任を負っているものでしょう。公共の福祉のためにぜひ一肌脱いでいただきたい」

「しかし、他の会員の方がなんと思われるか…」

「公の利益のためですから。このお金は人々に還元されるわけですから。文句を言う人はいないでしょう。もし売却の特例があるとしたら、これ以上の特例があると思いますか。公共の福祉にもなる、この会員権も無駄にならない、欲しがっている人に買えるチャンスが増える、あなたの不利益にもならない、会社のイメージアップにもなる、どうですか、貢献してもらえませんか」

腕組みしたまま、しばらく体をゆすった後に、「ポン!」と膝を叩き、歯切れよく応える社長。

「わかった! わかりました! やりましょう! あなたの熱意に負けました」

「そうですかあ、ご理解いただけましたか! いやあ、ありがとうございます!」

やった! 全身の力が抜け、思わず顔がほころぶ。こういう瞬間が仕事をしていていちばん楽しい。こちらの気持ちが通じたのだ。

「で、私はどういう風にしたらいいでしょうか?」と社長。

「そうですねえ…」

結局こういう形にさせてもらった。まず、社長には念書を書いてもらう。

『左、2件の通し番号の会員権につき、名義の書き換えを認める。

通し番号×××、×××』

その上で、念書に代表者印を押してもらい、会員権に添えて公売することとした。

後日、業者に公売の通知を出す。

『〇〇ゴルフ場の会員権を公売します。尚、本件については名義書き換え可です』

ちょっと鼻高々。これを見た業者の連中も、さぞかし、びっくりしているに違いない。気持ちのいいもんだ。

公売には3つほどの業者が集まり、結果80万円もの高値がついた。最初に問い合わせた業者は50万円と値踏みしていたので、それをなんと30万円も上回ったのだ。当初言われた1～2万円とはもちろん比べ物にならない。滞納額を差し引いても、40～50万円の残余金が出る。

後日、倒産した練馬の社長に電話をした。

大事な報告があるのだ。

「実は、藤沢までご足労いただきたいんですが」

「まだ、何かあるんですか?」

「ええ、お渡しするものがありましてね。印鑑を持ってきてください」

「お渡しするって…、何をですか?」

「税金をもらったおつりがありましてね、50万円ほどですね」

「……?・?」

押し黙ったまま数秒間。なんのことか想像もつかない、という感じだ。差押えからはすでに3～4ヶ月が過ぎ、もはや覚えてすらいない、というところだろう。ましてや、会員権が売れるとは夢にも思っていまい。

「売れたんですよ、この間のゴルフ会員権。私が、いろいろ折衝しましてね。税金を差し引いたおつりですよ」

「ええ～！　あんなもの売れたんですか？　一体、いくらで売れたんですか？」

「1枚80万円くらいになりましたねえ」

「そ、そんなにですか～!?」

まだ信じられないという様子だ。

「お渡ししますので、こちらまでお越しください」


その日のうちに、社長はやってきた。

前回会ったときよりは、少し落ち着いて見えた。

今は、手に入るものは、なんだって有難いという心境だろう。わずかだが、再起の足しにしてもらいたい。

「あんなもの、よく売ってくれましたねえ！　何と言ったらいいか…、本当にありがとうございます！」

感謝の言葉…。人から税金を取るばっかりのこんな仕事で、感謝の言葉を耳にすることは本当に少ない。心から嬉しいと思った。

人から預かっているモノを、人のために売るわけなので、できるだけ高く売りたいと、ただ、そのことだけを考えて走り回った。県民のためだな、かわいそうな社長のためだな、と。自分のためとなると、「まあ、いいか」と思ってしまうきらいがある。そのことが結果をもたらした。会員権管理会社の社長が首をタテに振った瞬間、練馬の社長の嬉しそうな顔、今でもはっきりと覚えている。

「これからですからね。あんたもがんばりなよ」

「本当にお世話になりました」

何度も頭を下げながら事務所を後にする社長。

清清《すがすが》しい気持ちで、その姿を見送った。

視点　気の毒な不動産屋、主権者たる納税者の顔を思い浮かべたとき、あきらめずにもう少し粘ってみようという気持ちが湧き起こった。策は弄さず、会員権管理会社の社長を、根気強く説得に努めた。時には、誠実な気持ち一本で臨むことが大切ではないだろうか。

○第13話

超大物ヤクザ 破格の不動産取得税、その行方

超大物のヤクザ、という男もいた。

大手新聞の連載の主役級のモデルとして紙面に登場したこともある人物だ。その記事を巡って、執筆者がその新聞社にいられなくなったとかならないとか、そんなエピソードもあるくらい、とにかくすごい大物だ。

その大物、Sとしよう、Sがある時、藤沢県税事務所に高額な税金を発生させた。不動産取得税で５５００万円ほどだった。不動産取得税が５５００万円の物件とは、皆さんどれほどのものと思われるだろうか。不動産取得税の税率は３％。たった３％が５５００万円だ！　つまり、全体の評価額は18億円の物件だ！　18億円とはとてつもない物件だ。

ちなみにどんな物件だったかというと、江ノ島近くのとある有名な海岸に建てた別荘だった。確か、その辺りは、都市計画法による風致地区に指定され、建築確認なんて下りないところだと思う。お構いなしに、勝手に切り崩して、埋め立てて建ててしまったのだ。その上、公海である、海の中まで埋め立てて、自分の別荘まで行く私道を作ってしまった。もう、はちゃめちゃ。しかも、出来た建物はタイの寺院みたいに金ぴか。全てが、常人には計り知れない。

さて、多額の税額が発生したのはいいが、これがやはり滞納となった。最初に５００万円だけは払ったのだが、残り５０００万円は滞納。県税が督促をすると、５０００万円の手形を入れたのだが、手形が決済される時期になると「決済できないから戻せ」と言って、古いのを戻させ、新しい手形を入れる。その新しいのが下りる時期が来ると、またまた「決済できないから戻せ」と言って、新しいのと替えさせる。そんなことが、1年以上。2～3ヶ月の支払期限が来るたびに、新しいのと交換させられ、いつまで経っても、落とせない。埒《らち》が明かない。

そこで、納税課長であった私は、業を煮やして、担当職員に言った。

「次また言ってきたら、もう戻しちゃ駄目だ。いつまでも終わらない」

と。

「だ、大丈夫でしょうか、課長」

と、臆する職員。

はてさて、果たして、次の支払期限が来たとき、やはりSは、いつもと同じように手形を戻すように言ってきた。

しかし、職員は私の指示通りに答える。

「課長が駄目だと言ってるんで、駄目です」

よろしい。ただ、一点、気になる。

「課長が」じゃないでしょう。主体性を持ってやって欲しいものだ。そこが、役人の駄目なところ。

まあ、そんなことはいいや、そしたらSが言った。

「じゃ、課長を出せ」

おいでなすった。

「課長の篠塚ですけど」

「Sだ！」

「どちらのS様でいらっしゃいますか？」

「知らねえのか!?」

「あー！ 滞納者のS様ですか！」

「テメー！ おちょくってんのか！」

「いえ、いえ、そんな、めっそうもないですよ」

脅しが通じないことをそれとなく感じさせる。

「お前んとこに預けてる手形を戻さねえと、オレが不渡りになる。だから早く返せ」

「いいえ、返すわけには行きません」

「つべこべ言わず、返しゃいいんだよ！」

「一度切った手形なんて、そうそう簡単に返すもんじゃないでしょう！」

「何を、このヤロー！」

「あなた、何度、同じことやってると思ってるんですか。その度に先送りで、ホントは払う気なんて始めから全くないんじゃないんですか?」

「てめえ、ぶっ殺すぞ!」

「あ、今、なんていいました? 脅迫された! 公務執行妨害になりますよ」

「なんだ、オメーは!」

「戻しません」

「覚えてろ! このヤロー!」

「ガチャン!」

　すごい勢いで電話を切った。

　30分か、1時間後、今度はSの顧問弁護士から電話がかかってきた。

「先ほどは、ウチのSがとんだ失礼をしまして、申し訳ありませんでした」

「いえ、気にしてませんが、どうされました?」

「実は、手形の件なんですが。次は、間違いなく払います。ですので、今回だけは、なんとか返してもらえませんでしょうか?」

「そう、言われましても、こちらも簡単にうんとは言えません。もう何度も同じ目にあってる訳ですし」

　普通は、民間でのやり取りなんかだと、返す場合は、※担保《たんぽ》を取ったりするものだ。

担保
債務者が債務を履行しない場合に、債権者が債権を回収しやすいように債務者からあらかじめ取っておく抵当権、保証などをいう。

「次は確実に落とします。ですから、お願いできませんか？」

同じ手には乗らない。こっちから仕掛けるか。

「先生、次回には必ず、支払うっていう件、間違いないんですよね？」

「ええ、もちろん。まちがいありません」

「じゃあ、一つ条件があります」

「なんでしょうか？」

「先生が※連帯保証人《れんたいほしょうにん》になってください」

「はあ？　わ、私がですか？」

「こちらも、また約束を破られるのはたまりませんから、お願いします」

「わ、私がですか？　しかし、それはちょっと…」

「なぜですか？　１００％間違いないんでしょう？」

「も、もちろん、間違いはないですが…」

「間違いないんでしょう？　だったら、いいじゃないですか、保証人になっても」

「いや…、私はその…」

「……」

「30分ばかり時間もらえますか？」

と、顧問弁護士は電話を切った。

連帯保証人
連帯債務を負う保証人のこと。

そして、さらに30分後、また顧問弁護士から電話がかかってきた。

「わかりました。連帯保証人になります」

県税の方でも、この顧問弁護士を調べたところ、土地や建物など財産もあり、担保力・保証能力ありと判断できたので、保証人になることを認め、手形を返し、新しい手形を預かった。


と、ここまではよかった。ここまでは詰められたものの、この後、私は、手形の期限が来る前に、残念ながら転勤となってしまい、その先を見届けることは出来なかった。この後、引き落としは、無事にされるだろうか。ここまで詰めたのだから、あとは、残った者で、なんとかうまくやってもらいたい。

その結果は4年後に嫌でも知ることになった。


その4年後、異動で、また、藤沢に戻ることになった。

Sのことなどは、もうすっかり忘れていた。

赴任してから、早速、滞納者の資料を見ていると…。

「S　不動産取得税　本税5000万円」

あちゃー！ 変わってない。

しかも、状況は悪くなってる。手形すら無くなっていたのだ。額は全く減ってないし、連帯保証人になった顧問弁護士の追及もやってない。

そこで、もう一度、弁護士の財産を調べてみたら、今度は、財産はもうなくなっていた。Sの顧問弁護士も解任され、没落してしまったようだ。悪い連中と付き合うからだ。当のSは相変わらずピンピンしている。

いちおう、差押物件を探してみたが、4年前とは違い、財産が散逸してしまい、見つからなくなってしまっていた。いろいろ手を打ったのだろう。例の別荘には、※抵当権《ていとうけん》がついていて、差し押さえても意味が無い。すでに、他の債権者が優先されるからだ。こうなってしまえば、もう追えない。

どっと、疲れが出た。腹が立ってしょうがない。Sだけではない、ウチの職員にもだ。人が、あれだけ苦労して、体張って、徴収できる態勢を整えたのに、それを、いとも簡単に無にしてくれた。恐がって、誰も後を引き継がない。みんながみんな、触らぬ神に祟りなし、だ！　これでは、いけない。税務職員が、自分の仕事を放棄して、高額の税をドブに捨てるような、住民に損をさせるようなことが、当たり前になっちゃいけないのだ。

抵当権
不動産等に設置する担保権で、債務不履行の場合に、設定した不動産等から優先的に弁済を受けられる権利。

視点

強引な相手にも、やり方がある。相手の好きにさせていては、いつまで経っても相手の思うつぼだ。相手の脅しに屈せず、正当な要求をしていく、そのことが解決へと向かわせた。ところが結果はご承知の通り。せっかく詰めていっても、後に続くものがいなかった。あと少しだったが、やり方によっては、失敗もするのだ。

○第14話

奇妙な奇妙な会社

おかしな会社もあったものだ。
不釣合いな申告額、そして滞納。奇妙な社長。優良企業との黒い関係…。
これは、今だに、後味の悪い案件として、私の記憶に残る。

それは、私が川崎県税事務所に赴任した年のこと。その年の5月の申告の時期、あまり聞き覚えのない会社、F商事という会社が、突然3000万円もの高額な税を申告し、我々職員の関心を集めた。法人事業税、県民税のいわゆる法人二税というやつだ。きちんと納めるのだろうか？　納期限を待ってみたが、果たして、税は納められなかった。どんな会社なのだろう？　住所を見てみると県税事務所からは目と鼻の先だった。興味も湧いた。そこで早速、現地へ行って、見てみることにした。

住所を頼りに、現地にたどり着くと、そこにあったのは、見栄えのあまりパッとしないビルだった。見上げてみると、2階のガラス窓に「F商事」と大きくロゴが貼ってある。白いアクリル板かなにかでできたような、よくある安っぽいタイプのものだ。外側から見た限りではフロアはせまく、とても小さな会社だ。こんな会社が、本当に3000万円もの税を発生させるのだろうか？

外側から見ただけではわからない。階段を上り、玄関の前までいってみたが、それでも、何をやっている会社なのかさっぱりわからなかった。ここでも、「F商事」と、会社名が貼ってあるだけで、それ以外の情報は何も掲げられていない。玄関を開けて、中に入ってみると、中はもっと奇妙だった。2人ほどいる従業員のそれぞれに机が置かれているが、それ以外のものはほとんど何もない。がらーんとしているのだ。そして、机の上にも、電話がひとつ乗っているだけで、やはり他のものはほとんど何もない。私が入ると、2人の従業員はぎょっとした表情を見せ、なんとも、妙な緊張感がその場に漂った。

「川崎県税ですが、社長さんにお会いしたいのですが」

「こちらへどうぞ」

挙動不審な従業員に、ワンフロアのいちばん奥まで通されると、そこに『社長』と呼ばれる人物がいた。この人物がまた異様な雰囲気を醸し出していた。頭は丸坊主で、数珠を手にはめている。机の上には、やはり電話がひとつと、書籍が数冊。それ以外は、やはり何も置かれていない。

机をはさんで、二人向かい合い、折衝に入った。

「3000万円の滞納ですよ。すぐに払ってもらいたいのですが」

「払わなくちゃならないことは、よく承知しております。ところが、払えないのですよ」

なんだか拍子抜けだ。物腰が非常に丁寧だ。まったく低姿勢に受け応えるのだ。こういう風に出てこられると、こちらもけんか腰にはなれない。むしろ、けんか腰の方が、話が早いこともあるのだが…。低姿勢だが、よくよく考えると図々しいことを言っている。だが、それをあまりはっきり相手に感じさせない。これは、相当な曲者だ。この手の人物は、ヤクザの大物なんかによくいるように思う。

「説明できない事情があって…、ここには、お金は無いんですよ」

「説明できない事情?？」

「そうです。説明できないんです。払うこともできません」

「ど、どういうことですか？ あれだけ利益があるのに…」

「そうですよね、払わないとならないですよね。でもお金は無いんです」

「お金が無いって…」

「説明は出来ないんです」

なんだか狐につままれているようだ。話はなんら進展しないまま、どうどう巡りを続ける。相手のペースに飲み込まれたまま、収穫らしい収穫もなく、煮え切らない気持ちのまま、事務所を後にした。


帰りの道すがら、考えていて、突然ピンと来た。

「かぶり屋だな！」

「かぶり屋」という商売をご存知だろうか？ 仮にA・B2つの会社があるとする。Aは多くの利益を上げている会社だとしよう。Aは取引により多額の利益を上げているが、それを、そのまま正直に、税務署なり県税事務所なりに申告すると、多額の税金を納付することになる。そこで、もうひとつ別の、小さい会社Bを用意し、この会社が利益を上げたように見せかける。全ての書類を、そういうふうに完全に作り上げてしまうのだ。そして、Bはその利益を申告するが、税金は一切払わない。Bには資産も何も無いので、差し押さえられる心配はまるで無い。このBという会社の立場、これを専門的にやっているのが「かぶり屋」だ。引き受けることによって手数料を受け取る。プロ集団なので簡単には尻尾を掴ませない。

この読みがあたっているとすると、F商事を徹底的に調べて、Aという会社をなんとしても突き止めたいところだ。県税で3000万円なら、国税では1億5000万円ほどにもなる。大変な脱税行為だ。

そう睨んだ私は、2つの方法で調査を開始した。

1つは、会社の監視[※]。県税事務所の若い職員を、24時間、見張りに立たせたのだ。刑事ドラマなんかでよく見る、あの、『張り込み』である。F商事を見渡せる場所で、車の中から、あるいは喫茶店から、相手に気づかれないように監視をする。特に、いちばん知りたいのは社長の動向だ。どんな場所に出かけるか、どんな人物と会うか、それが、最も知りたい。

※会社の実態調査が必要な場合には「張り込み」を実施する。調査する権限があるので問題はない。特別な場合に限られる。

職員を立たせてから1週間、交替で別の職員を送り、戻ってきた職員から報告を聞いた。

「どうだった？　尻尾を出したか？」

「だめです、課長」

「だめ？　どういうことだ？」

「尻尾も何も、まるで隙を見せません」

「何かあるだろう、兎に角、様子を話してくれ」

「一歩も会社を出ないんです。たまに、かかってくる電話に出るくらいで。誰と話しているかは全くわかりません。訪ねてくる人はいませんでした」

その次の日も、そのまた次の日も、交替で職員を送っては報告を聞くが、内容はいつもほとんど同じ、というか全く同じだった。

社員も社長も、通勤状況はいたってまじめ。朝9時には全員がきっちりと出社して、席に着く。そして、ここが妙なのだが、社員も社長も、席についたっきり、まるで何もしないというのだ。全く何もしないのだ。ただ、ボーっとしている。そのことに対して、社長が社員を注意することもない。そして、全員が、たまにかかってくる電話に応対するだけ。社長に取り次いだり、時には自分で対応したり。あとはひたすらボーっとしているそうだ。考えてみれば、部屋には何も置いてないのだから、やることはないだろう。それで会社が成り立つわけがない。ますます怪しい。そして、何もしないまま時間が過ぎ、きっちり5時になると、皆、揃って、規則正しく帰宅するのだそうだ。その間、こもりっきりで、ただの一度も外出しないのだ。ただの一度も。無論、誰かに会うこともないし、また、訪ねてくる者もいない。ますます怪しいが、しかし、これではまったく糸口は掴めない。人と会わなければ調べようがないのだ。まさか電話を盗聴するわけにもいくまい。手がかりはまるでなし。お手上げだ。さすがにプロだ、徹底している。

見張りの方は、とりあえず継続しつつ、もう一つの、別の方法による調査も行った。F商事の決算書等に記載されている取引先、顧客、売主等に聞き取り調査を行ってみたのだ。

すると、おかしなことに、皆、口をそろえて、

「F商事なんていう会社は知らない」

と答えた。そのかわりに、彼らの口からは、共通して、ある不動産屋の名前が見え隠れした。『G不動産』。同じ川崎市の優良企業だ。それなりにステイタスのある会社で、脱税ということが公になれば、ちょっとした騒ぎになることは間違いないだろう。状況をつなぎ合わせていくと、先ほどの『かぶり屋』の説明で、A社にあたるのが、『G不動産』。かぶり屋であるB社にあたるのが、『F商事』ということになりはしないか。この読みは、ほぼ、間違いないと思う。

しかし、ここで、悔しいことに、壁に当たってしまった。決定的な『証拠』が見つけられないのだ。両者の関係を決定付ける証拠がない。証拠がないのに騒ぎ出すわけにはいかないのだ。証拠を見つけたいが、県税事務所レベルの調査能力には限界がある。課税に関する調査権は国税にあり、県税にはない。滞納をしているわけでもないG不動産に対して、我々は、なんらの手も打つことは出来ない。こうなると国税レベルだ。証拠が無いのに、騒いだりすれば、下手をすると名誉毀損で訴えられかねない。

だからこそ、見張りからの報告に、一縷の望みを託した。しかし、どんなに待ち望んでも、期待するような報告は全く得られなかった。いつまで経っても、まったく同じ。「一歩も外出しない、誰にも会わない」というものだけだった。

あと一歩のところまでせまりながら、証拠はみつからなかった。かぶり屋もさすがに専門集団らしく、決して尻尾を見せない。いつまでかかるか分からない案件に、若手職員を駆り出し続けるわけにも行かず、F商事の見張りからは撤退させざるを得なくなった。煮え切らないままに、尻すぼみに、この案件からは手を引くこととなった。非常に後味の悪いものであった。間違いなく両者の黒い関係はあったと思う。それは、あと少しのところで、手の中からするりと逃げて、闇の中へと姿を消してしまった。

その後、この2つの会社はどうなっただろうか。G不動産の方は、バブルの崩壊とともにに、しだいに経営が傾き、最後には倒産してしまった。そして、F商事の方はというと、G不動産が倒産するのとほぼ同じ時期に、いつの間にか姿を消して、行方をくらましてしまった。私が、あと一歩でたどりつけたはずだった『かぶり屋』の一団は、霧に包まれ姿が見えなくなるように、川崎の街の暗がりへと、行方をくらましてしまったのだ。

視点

税を免れるために、組織的で知能的なプロ集団に対峙したとき、県税の調査権では歯が立たないことがある。この場合G不動産は、課税の段階で税を免れていたわけだが、県税に与えられた調査権は、納税に関するもののみ。課税に関する不正の調査はできないのだ。

○第15話

県税事務所で暴力事件、その顛末

我々の仕事は、言うまでもなく、滞納者から反感を買う仕事。

案件のなかには、逆上した滞納者が、ついには理性をなくし、税務職員に対して実際に手を出してしまう、ことに及んでしまう、ということもある。

このことは、税務職員が、つい積極的な徴収に臆してしまう、つい手を緩めてしまう、ということの原因の一つとなっていると言えるだろう。

結果、事なかれを後押ししている。

しかし、これもやはり言い訳であって、本来なら、税務職員は、しっかりと徴収すべきは徴収するのが筋だ。そのためには、税務職員を保護するような考え方も、現場には、当然、あってしかるべきだろう。

まあ、私みたいな図々しい者にとってはどうでもいいことだが。

少なくとも、税務管理職たる立場になった者は、こうした意識を、部下の安全を確保する意識をしっかり持って、ことにあたってほしいと思う。


これは、川崎県税事務所時代の話だ。

滞納者は、建設機械・重機などのリース、そして土木資材販売なんかを行っている会社を経営する社長Jだ。

この社長、もともとは北海道の出身で、集団就職で、首都圏に出てきたそうだ。

その後、苦労して、腕一本で独立した、言わば『たたき上げ』といった人物。

しかし、成功したということは、ある場合、反面で人をテングにさせる。自分が絶対、唯我独尊、人には耳を貸さないという欠点があったようだ。

そして、性格的には血の気の多いタイプ。

納税状況はと言うと、常習滞納者である。

納めないわけではないのだけれど、納期には絶対納めない。仕事柄、自動車税や法人二税など、高額な滞納を抱えていた。

そして、とんでもない支払い方法を続けていた。そのことは、担当職員と、私との、やりとりの中で分かった。

ある日、担当職員が、私のところに来て言った。

「課長、これから、滞納整理に行ってきます」

手には、数枚の納税証明書を持っている。

「何、お前、わざわざ滞納者のとこに※納税証明書《のうぜいしょうめいしょ》を届けるつもりか？」

「はい、これで取れるんです。この人からは」

Jは、担当職員に、わざわざ自分のところまで、納税証明書を届けさせて支払っていたのだ。

「おいおい、それ全ての納税者にできるのか？　お前の体は一つだろう。みんながみんな、

納税証明書
税金を納付していることを証明する書類。自動車の車検を受けるときは、この納税証明書がないと車検が受けられない。

税を取りに来いって言い出したら、どうするんだよ。そいつだけ取りに行ってやるなんて、人のいいことしてたら、だめだよ。組織がもたなくなるよ」

「は、はあ」

「本人が持ってくるようにしなきゃだめだ」

税は『持参債務《※じさんさいむ》』といって、債権者が支払い場所を指定できることになっている。

きょとんとする職員に続けて言う。

「今日はしょうがない、行ってきな。もう約束したんだろ？　その代わり、今後はもう受け取りには行かない、県税事務所で払うようにと、話して来い。そして、他の分も早く納めるように言って来い」

『他の分』と言うのは、つまり、今日、これから払うとJが約束した分は、滞納のうちの一部だったのだ。他にも滞納は残っていた。

そして、一人では手に負えない、との判断から、課長代理を折衝役として同行させて、Jのもとへ行かせた。

さて、Jのところに担当職員が出かけて1時間ほど。担当職員が戻るか戻らないかのうちに、Jから電話があった。

ふてくされたJが言う。

「少々遅れたっていいじゃねえか。延滞金も払ってるんだし」

持参債務
債権者の指定する場所で支払いを行う債務。税は持参債務。

私の言ったとおり、担当職員と課長代理は話したのだ。

「税には、納期限ってものがあるんですよ。守ってもらえないんなら、こちらも、守ってもらうようにお話するしかありません」

「カタイこと言うんじゃねえよ、しちめんどくせえな」

「特別な事情がない限り、滞納は認められませんよ」

しばらく言い合ったあと、Jは締めくくった。

「わかった、わかった、2～3日中には払いに行ってやるよ」

ところが、待てど暮らせど、来所する様子は無かった。そうなると、こちらも職務、差押予告を郵送した。税が納められないのなら当然だ。

すると、翌日、Jは逆上して怒鳴り込んで来た。手には、差押予告を持っている。

「こんなもの、送ってきやがったのは、誰だ！」

興奮状態で、手もつけられない。

しかしながら、これが、タイミングが非常に悪かった。

たまたま、担当職員と私は、その時、席をはずしていたのだ。

担当職員は、私に、車を買ってくれないかという話をもちかけ、県税の駐車場まで、私と二人でその車を見に行っていたのだ。そして、課長代理はトイレに行っていた。本当にタイミングが悪い。

応対に出たのは、当時の係長。彼は、とても責任感の強い男だった。

私と担当者が事務所内に戻ってきたとき、事件は既に起きていた。逆上したJは暴れだし、係長に殴りかかった。そして、なおも暴れていたので、若い職員たちが、数人でJを取り押さえていたのだ。

滞納者の中には、逆上して、暴れるものもいる。私がいないときに、危ない滞納者との折衝があるときは、いつでも取り押さえられるよう、そ知らぬ顔で周りに待機するよう、若い職員には指示してあったのだ。

そして、警察への連絡も既に済んでいた。

なおも興奮するJ。

「警察なんて来ても、恐かねえぞ！　どうってこたねえや！」

「まあまあ、警察なら、今来るから、そん時にいいなよ」と私。

そして、私は、所長室をノック。報告だ。

所長室に入ると、所長と副所長はなすすべもなく二人でオタオタしていた。

「君は一体どこに行ってたんだね！　君の部下の若い職員が、勝手に警察を呼んでしまったじゃないか！」

「私が普段指示していますからね。何かあったら、迷わずに警察を呼べって」

「私の許可なくなんてことするんだ！」

「目の前で事が起こっているのに、許可もへったくれもあるもんですか！　じゃあ、もしものことがあったらどうするんですか？　そうなってからじゃ遅いんですよ！」

「しかし、警察はまずい。税をちゃんと納めたら、警察は返しなさい」

要するに、騒ぎになるのが嫌なのだ。部下の身の安全よりも。

「それはできません。それは別です。殴ったものは殴ったんです」

「困るなあ、そう、意地を張られちゃ、警察はやはりまずい。早々に帰すんだ」

「どうしても、と言うんなら、わかりました、じゃあ、帰しましょう」

「……！」

「だけど、そうしたら、私の部下に、言ってください、明日からは、もう仕事をしなくていいと。もう上司の指示を聞かなくていいと」

「？」

「私は、こういう時、キチンと対処するという裏づけがあるから、信念があるから、部下から信頼してもらえるんです！　だからこそ、部下にキチンとした指示が出せるんです！　でなきゃ、信頼関係はなりたたない！　部下のためにキチンと対処する、その責任が果たせないのであれば、もう、部下に指示を出すことなんてできません！」

そうこうするうちに、警察はやって来た。総勢10人くらい。中には刑事もいた。

所長と副所長は相変わらずオタオタ。自分じゃ判断できないもんだから、本庁にお伺いを立てた。電話して指示を仰いだのだ。

ところが、電話に出た本庁職員は、私のもともとの上司だった。この人が、非常にまともな返答をしてくれた、私も助かった。

「きちんと、正式に対処し、うやむやにしてはいかん」

こう言ってくれた。

すると、どうだ。先ほどまで、警察はまずい、まずい、と騒いでいた所長が、

「ほら、どうだ、オレの判断は正しかっただろう」

と、吹聴してる。そして、警察官に、

「どうぞ、どうぞ、この男を連れて行ってください」

なんて言ってる。

あきれてものも言えない。恥ずかしくないのだろうか。

そして、Jはパトカーに乗せられた。

我々、関係者、目撃者も事情聴取のため同行する。

Jは、連れられながら、

「私は被害者だ！」

なんてことを言ってる。

「ああ、わかった、わかった、話は署で聞こう」

などと切り返され、署に着くや否や、

「ガチャン！」

手錠は掛けられた。

あの状況で『私は被害者だ！』と主張するには、ちと無理があったようだ。

その後、加害者は、拘置所で弁護士が来るまでの4～5日間、ハンガーストライキを実施したようだ。なおも、自分は間違ってないと主張したかったのだろうか。だが、殴ったものは殴ったのだ。その責任は、しっかり取ってもらわねばならない。

医師の診断によると、係長は全治一週間。

後日、県税事務所での実地検証も行われた。やってみて、初めてわかったが、とっさの記憶というのは実に曖昧なものだ。例えば、どっちの手で殴ったなんていうことも、人によって、記憶がまるで違う。はっきり覚えていないものなのだ。係長は足の指を机にしこたま打ち付けており、痕が残っていたので、それだけは、はっきりと特定できた。

裁判の結果、Jは、確か、記憶によると、懲役6ヶ月の執行猶予3年。そして、係長に対し、医療費と慰謝料を払う義務を負った。だが、係長は、慰謝料を受け取らなかった。治療費だけで良いと言ったのだ。

その代わり「滞納はもうしない」と約束をさせた。

これに対し、Ｊも心を入れ替えて、約束を守り、きちんと税を納めるようになったのだ。

ただし…、しばらくの間だけだったが…！

視点　暴力は許すまじ。これは、当たり前の精神ではなかろうか。これを貫かんとすることに、一体どういう非があるというのだろうか。事なかれにもほどがある。こうしたことを、うやむやにせずきちんと対処すること、このことが、徴税システムを正常化させることにつながることは、既にお分かりいただけたのではないだろうか。

○第16話

所長たちが雁首を並べて謝罪

こんなに情けない話は聞いたことがない。

大の大人が、揃いも揃って、何年も何年も、考えただけでもバカバカしくなる。開いた口も塞がらない。

まあ、とにかく聞いていただきたい。

あれは、小田原県税事務所に赴任して、すぐのことだった。出勤初日だったかも知れない。なぜだか、急に所長室に呼ばれたのだ。

「話がある」

ということで。

なんだろう。所長室に入って、まず、びっくりした！　小田原の現所長を含めて、他県税事務所の所長クラスのお歴々が4人、私を待ち構えていたのだ。

な、なんだ!?　何かまずいことやったっけかな？

「話ってなんですか？」

どうしたことか、おずおずして、誰も口火を切らず、待っているのも面倒だったので、私から切り出した。

すると、所長が口を開いた。

「実はね、これから、我々4人で、滞納者のところに挨拶に行くんだが、君の意見を聞こうと思ってね」

「た、滞納者に、挨拶ですか？ お偉方が、4人揃ってですか？」

どういうことなんだろう？ さっぱり訳がわからない。

「実はね…」

話を聞いて、まったく情けなくなった…。これが、我らが上司なのか。

話は、まあ、こんな内容だった。

滞納者というのは、とある「G」というスーパー。

4年ほど前に、ちょっとしたことで、法人事業税・県民税という法人二税を30万円ほど滞納したのだそうだ。それから1年ほど経っても、納められる気配がなかったので、県税は滞納処分に動き出した。財産調査で預金等を調べたり、仕入先への調査も行った。決算書から、仕入先を割り出し、文書で質問事項を問い合わせたのだ。この仕入先のひとつが、スーパーGに、県税の動きを知らせたようだ。

怒ったスーパーGの社長は、県税事務所に怒鳴り込んだ！

「仕入先まで調査なんかするな！ どうせ、借金しかないんだから！ 上司を出せ！」

そこで、大慌てで3代前の所長が話しに出ると。

「なんで仕入先まで調べるんだ！ 仕入先には負債しかないの当たり前だろう！ 差し押さえるものなんてある訳ない！ 関係ないとこまで調べるのは違法なんじゃないのか？」

と、息巻いた。しかし、この所長、実は、徴収のことは全くわかっていなかった。大抵の所長はそんなもんだ。現場のことはまるで知らない。「違法なんじゃないのか？」という相手の言葉が、正しいのかどうかがわからなかったのだ。そこで、命からがら、一旦中座して裏手にまわると、ベテラン職員の一人を呼び出して、おっかなびっくり聞いてみた。すると、

「違法ですよ」

と、答えたのだそうだ。とんでもない！　違法ではない。私も、なぜ、その職員がそんなことを言ったのかよくわからない。とにかく、所長は大慌てで、スーパーGのところに戻り、

「誠に申し訳ない」

と、最上級で陳謝した。しかし、へそを曲げたスーパーGの社長は、首をタテに振らない。

「オレは信用を傷つけられたんだ。絶対、払わないからな！」

以来、所長が変わるたびに、毎年、毎年、先代、先々代、先々々代と雁首揃えて、御百度に励んでいるのだそうだ。

4年間も！　所長が変わるたびに！　今じゃ、4人も揃って！　せめて、1人で行きなさいよ！　そもそも、行くこと自体、間違っているのだが…。

「ち、ちょっと待ってくださいよ。違法じゃないですよ！　そんなの当たり前にやってますよ！」

「い、違法じゃない？」

「当たり前じゃないですか！　いいですか、ちょっと待ってください」

急ぎ、机に戻り、『国税徴収法』を取って来ると、第１４１条、第３項を開いて、読んで聞かせた。

「滞納者に対し債権若しくは債務があり、又は滞納者から財産を取得したと認めるに足りる相当の理由がある者」

この「者」には、質問・調査ができる、と、ちゃんとあるのだ。

「えらいことだ、どうしたらいい？」

「…じゃあ、私がやってみましょうか？」

所長たちでは役に立たない。心のなかでそう付け加えた。そして続ける、

「『今さら何言ってんだ！』ってことになるかも知れませんよ。相手が怒鳴り込んできてもいいんなら、やってみてもいいですが、どうですか？」

5年経つと時効になってしまう。どうせなら、ここで決着をつけるよう、手を打った方がいい。仕入先を調べたくらいで滞納を踏み倒していいわけない。こんなことを許しちゃいかんだろう。

「じゃあ、頼んでみるか。私たちは、行くのやめておくよ」

うまいこと言ってるが、ホントは、行きたくないのだ。

どうせやるなら、なんとかしてやろう。

担当職員の運転で、現地に向かう道すがら、そう考えた。走りながら、担当職員から、いろいろこまごました説明も聞けた。

現地に着き、そのスーパーを実際に見てみると、スーパーといっても、わりと小ぢんまりとした、個人商店に毛が生えた感じのものだった。奥さんと二人で営んでいるのだろう、社長は配達に出て、この時は奥さん一人が店番をしていた。奥さんと世間話をしているうち、社長が帰ってきた。ずんぐりむっくりとした、いかにもたたき上げという感じの印象だ。

名刺を差し出しながら、挨拶。

「新しく来た、納税課長の篠塚と申します」

「てめえ何の用だ? 異動の時期には、いつもは所長がじかに来る。お前じゃ話にならん、所長を来させろ!」

「所長は来ません」

「何? 何でだ?」

「あなたは、4年前、我々が仕入先を調査したことで、へそを曲げましたね。ところがね、こんな調査は、県税では当たり前なんですよ。違法でも何でもないんです。へそを曲げられる筋合いはまったくないんです」

「それなら、なんであの時、謝ったんだ?」

「当時の所長は仕事を知らなかったんでしょう。それに、あなたに怒鳴られて、萎縮してたんだと思いますよ」

「じゃ、今までなんだって謝り続けてたんだ」

「適当に、続けてたんですよ。調べないままに」

そして、先ほど所長たちに見せたのと同じ『国税徴収法』のコピーを見せたら、相手も納得したようだ。これで前向きな議論ができる。


「という訳でありまして、滞納分につき、お支払いいただきたいのですが」

「今さら言われてもちょっと払えねえな」

「そういう訳には行きませんよ。決まりですから」

「とにかく払う気はまったくないよ」

「ありませんか?」

「ないね」

「それなら仕方ありません。銀行の調査をするまでです」

ほんとはもう調査済みで、残高は知っていたのだ。さらに続ける。

「帰り際に銀行に寄って行きますからね。取り立てますよ。不満があれば、裁判でもなんでもどうぞやってください」

税金は払わなくちゃいけないのだ。従って100％裁判で負けることはない。

「そんなことしたら、うちの信用が台無しだ。つぶす気か!?」

「ことの発端はあなたの滞納でしょう。もとはといえば、あなたに原因があるんですよ。それを、さもウチが悪いみたいにこじつけて、払わないという。こうなれば、強制的に取るしかないでしょう」

「銀行差し押さえられたら、信用がガタ落ちだ。それだけは、なんとか勘弁してくれ」

「では、どうされますか?」

「よ、よし、じゃあ…、現金じゃ無理だから、小切手で、先付小切手でいいか?」

先付小切手とは、実際に作成した日（振出日という）、つまり今日よりも、後の日付を振出日として記載するものを言う。この時が月初めだったが、月末付けの小切手だという。つまり、約1ヶ月後には現金化できるものだ。

「いいでしょう。それで手を打ちますか」


私が小切手を携えて、意気揚々と引き上げていくと、所長たちは、雁首を揃えて、揃えた首を長～くして、私の帰りを、今か今かと待ちわびていた。

私が所長室に入ると、待ちきれない、とばかりに、

「どうだった!?」

「取ってきましたよ」

「ええ! 本当に!?」

驚くことじゃない。世間一般じゃ当たり前のことだ。相手が怒ろうと、言わなきゃいけないことは、ちゃんと言わなきゃいけないのだ。

それにしても、ベテラン職員は、どうして違法だと答えたんだろう? ひょっとしたら、慌てふためいた所長の説明が悪くて、ただ単に、ちゃんと状況が伝わらなかったのかも知れない。大方、そんなところだろう。

視点　世の中のたいていのものごとには決まりがある。サッカーしかり、K—1しかり。ルールを知らなければ、まともに戦えないのではないだろうか。それが組織の長ともなれば、少なくとも、最低限のことは把握してもらわないと困る。大変な、労力と税金の無駄遣いだ。これが役所の体質かと思うと情けない。

○第17話

湘南の美人ママ

きれいな花には刺がある。

昔の人はよく言ったものだ。

鎌倉県税事務所時代。私が、その案件についての話を、後輩から聞かされたとき、その滞納は、1年以上、毎月のように繰り返され、累積額はすでに100万円を超えていた。滞納者は、逗子駅前ビルのスナック。ママは評判の美人ママで、関西かどこかから、流れ流れて湘南まで辿り着き、この地で開業したようである。いわゆる『ワケアリ』というやつか。

飲食店を経営する場合、『料理飲食等消費税』※という税が課せられ、毎月の売り上げの10%を客から預かり、納めることになっていた。毎月、自己申告して、納付をするのだ。美人ママは、この税の申告はするが、納付は一切していないということだった。税額は月平均で10万円ほど。この滞納が1年あまり続き、その時点で累計は100万円を超えていた。

「なんで、こんな状態が続いてるんだ?」

ほっとけば、どんどん溜まるばかり。払うほうもきつくなるだけだろう。

「ママさんが、『銀行から借り入れして払う』と言ってるんです。今、銀行と話してる最中だって」

※『料理飲食等消費税』という税目は現在はない。消費税導入時に廃止された。

「それ、いつから言ってるんだ?」

「かれこれ1年以上前からです」

大抵の男性は、美人には弱いもの。

「お前、それ騙されてないか?」

銀行の借り入れが、1年以上も決定しないなんてありえない。長くても2ヶ月くらいだろう。

「どう考えても、おかしいだろう。一度ママを呼び出してみろ。オレが話し聞いてみる」


半月ほどしてから、ママが県税事務所にやって来た。

なるほど、小作りの、線の細い、いい女だ。年の頃、30代半ばだろうか。こんなのに、男はコロッとやられてしまうのだ。

「銀行から借り入れして税金を払うってことだけど、その話、1年以上、止まってますよね。銀行ってどこの銀行なんですか?」

「それ言わなくちゃいけないの? 確かめるつもりなんですか?」

「当然です」

「そんなことされたら、銀行の評判落として、もう借りられなくなるわ」

「そんなことはないですよ。県税からの調査があろうがなかろうが、もともと借りられるものなら、ちゃんと借りられますよ」

「本当かしら、万一ってこともあるでしょう…」

「本当は申し込みなんてしてないんじゃないの？」

「そんな！ してるわ！」

「してるんなら書類あるんでしょう？ 一緒に行くから見せてよ」

「それは、困るわ…」

渋るママ。

「どうして？ ホントはしてないの？」

「……、もうすぐ子供が幼稚園から帰ってくる時間だし、今はちょっと…」

「家までは上がりませんよ。書類を拝見するだけだから」

「……」

「どうですか？」

「…ごめんなさい。本当は、申し込みできなかったんです…」

できなかった、というよりは、してなかったんだろう。

「では、どうされますか？」

「今週中に、１００万円納めます。残りについては、その時にお話させていただきます」

「どこで納めますか？」

「家から近いので、ここまで来て払います」

「じゃ、お待ちしてますね」

果たして、本当に払うのか、約束の期日を待つが、結局、期日を過ぎてもママは現われなかった。連絡もまったくなし。しかたがない、相手が来ないなら、こちらから行くだけ。

数日後の夜に、店に行ってみた。

「期日まで待ったけど、まだ、入金されてないですね。連絡も頂けなかったし」

「すいません。他の借金にお金を取られてしまって、払えなくなってしまって…、電話しづらくなったんです」

「どうしますか?」

「では、あと10日、待ってください。10日後に入金します」

次の10日。しかし、10日過ぎでも、さっぱり音沙汰はなし。

夜、電話してみる。

「入る予定のものが、相手の都合で入らなくなったんです」

意外と低姿勢。

「すみません。半月ほど待っていただけますか」

半月後。やっぱり、梨の礫。

つまり…、払う気なんてさらさらないのだ！　相手はこういうことに慣れている。その場しのぎで、適当なこと言って、かわしているだけだ！

料理飲食等消費税は、業者が、県税に成り代わってお客から税金を預かり、県税に納入するものである。もともと自分のお金ではないのだ。払わないということは、税金を横領しているのと変わらない。ちなみに現在の消費税も同じ仕組みだ。これは、とうてい見逃すわけには行かない。

こうなったらやむをえない、強権を発動だ。ただ、突然やるのもかわいそうなので、警告を出そう。

「このままだと、溜まる一方だし、見過ごすわけには行きませんよ」

そんな趣旨の文書を出した。

1週間ぐらい様子を見てみるが、やはり音沙汰なし。

しかたがない、ある週末の晩、店の売り上げを押さえにいった。私と課長と職員数人、そして警官2人だ。

夕方から、若い職員を立哨《※りっしょう》に立たせた。客の出入りを見させていたのだ。現場に着くと、その職員に、中の様子を聞く。

立哨
滞納者の動向などを見張ること。

「すでに、2組が精算を済ませて出て行きました。現在は、4人組が2組残っています」

「よし、じゃあ行ってみるか」

ドアを開けて、中を覗き込むと、若いホステスが出てきた。

「なんですかあ?」

「県税事務所だけど、これから滞納処分するから。ママ呼んで来て」

ママが来た。

「なんですか?」

「売り上げを押さえる」

言ったが早いか、若手職員が、キャッシャーを押さえた。店に入ったら、すぐにキャッシャーの脇に移動するよう指示してあったのだ。

中には、伝票が2組ほどあり、合計して3万円ほどになった。

他の客の分も勿論押さえる。時計の針が11時を指したとき、ママに言った。

「精算させなさい」

風営法では、営業は11時までだ。

すると、ママは客のところへ、何やら話しに行った。客がうなずいているのが見える。

戻ってきてママが言った。

「あの人たち、今夜はツケにしたいって言ってるんです」

そう言えば、私があきらめると思ったか、客に頼んだに違いない。

そうは問屋が卸さない。

ところが、これに対して、課長は及び腰だった。

「仕方がない。帰ろうか」

「ちょっと待ってください。私にやらせてください」

ママの方に向き直り、こう告げる。

「じゃ、一人ずつここへ呼んで来てください」

「何するんですか?」

「ツケということはママが売掛債権を持ったわけですから、それを差し押さえます。従って、債務者の本人確認のため、住所・氏名・電話番号・勤務先等を聞くことになります」

要するに、ツケになった分は県税で回収するから客の連絡先を聞いておく、ということだ。これを、わざと客に聞こえるような大きな声で言った。当然これに対して客はビビる。

また、客のところに話に行くママ。

今度は、客はうなずいていない。手を振って、何かを断っている。

「やだよ、そこまではできないよ」

と漏れ聞こえた。

しばらくすると、また、ママが戻ってきた。

「精算しました」とママ。

勘定してみると5万円ほどあった。これはもちろん押さえる。

「いいかい、ママ。ちゃんと納めないなら、これ繰り返すよ」

「わかりました、明日行きます」


翌日、約束通りママは現われた。でも、手ぶらだった。金目のものはない。

「貸してくれる人がいるので、それでお支払いします」

ということだった。

だが、10日経っても全く音沙汰なし。梨の礫だ。


きっと、ず〜っとこうして歩んできたんだろう。その場しのぎで嘘をついては、やり過ごす。まずくなるとまた嘘をつく。嘘が導いた人生。それは、寂しいもんじゃなかろうか。やり過ごしていれば、そのうち、こちらもあきらめると踏んでいるのだろう。

そうはいかない。


しかたがない！　数日後、県税のトラックを、突然、店の前に乗りつけた！

差押え用の4トン半だ。

「県税ですが、目に余る滞納により、店の備品を差し押さえます。強制執行ですよ！」

そして、職員数人で、テーブルその他の備品を、突然、運び始める。

実際は、テーブルなんて押さえたところで、二束三文。本当に持って帰るつもりは、あまりない。

しかし、『備品を持っていかれてしまう！』と思う、相手のショックは大きい。備品を持っていかれると、店の営業ができなくなってしまうからだ。

事の重大さに気づいて欲しかったのだ。

ママは大慌てで懇願する。

「どうか、どうか、それだけは勘弁してください！店が出来なくなります！お願いします、お願いします」

初めて真剣な表情を見せた。すがりつくママ。

「1週間で50万円。必ず払いますから、待ってください、お願いします！」

…待つのは、本当に、これが最後ですよ。

1週間後、さすがにママは、今回は約束を守った。きっちり50万円。これは納まった。

しかし、後がなかなか続かない。

また、行ったり来たり、一進一退の日々は続いた。

「とにかく、これからは、新規の滞納を増やさないようにして、前の分は少しずつ返すようにしなさい」

と、がんばらせた。

ママも、この頃には、だいぶ変わってきたようだった。ほんの少しずつは滞納額も減っていた。

しかし、その後、私も、そう長くは鎌倉にはいられなかった。異動が多いのは宿命なのだ。ママが、その後どうなったかはわからない。また、ズルズルと元の木阿弥となったか、それとも、最後まで、払いきることができたか。

きれいさっぱりと、けりを付けていてくれれば、私も嬉しいが…。

視点　きれいな花には刺がある。男は美人に弱いもの。鼻の下を伸ばしていては、つい手も緩めてしまう。こちらの徹底した働きかけで、ママの納税意識は変わっていったのだ。お目こぼしをしていても悪循環を繰り返すだけ、本当の人情とも思えない。鼻の下が長い税務職員にはぜひ耳を傾けて欲しい。

○第18話

南無三、当座預金の禁じ手！
有力実業家との攻防

※当座預金《とうざよきん》――これは、通常、小切手や手形の支払いのために、預け入れておく預金のことを言う。その引き出しには、必ず手形や小切手が使われる。この本の中で度々出てくる、滞納者による手形、小切手も、その滞納者の、当座預金の口座から引き落とされることになる。

通常、我々税務職員が、滞納処分をするとき、相手方の、この当座預金を差し押さえることは、数少ない。なぜか？　これを差し押さえると、相手が不渡りを出す可能性があるからだ。不渡りとは、簡単に言えば、残高がなくなり、手形や小切手の※決済《けっさい》ができなくなることを指す。不渡りが出ると、※手形交換所《てがたこうかんじょ》規則に基づき、全金融機関に通知が出され、その会社の事実上の倒産ということになる。それゆえ、我々も、滞納者への配慮から、ここを押さえることはめったにない。

したがって、ここを押さえるということは、よほどの場合に限られるわけだが、私の場合の、その『よほどの場合』の一つには、こんなケースがあった。藤沢県税事務所、納税課長時代のことだ。

T社は、当時、県内ではそれなりに有力な不動産会社。社長はライオンズクラブかなんかに所属し、県の上の方とも交流があるような実業家。ライオンズクラブというのは、ア

当座預金
小切手や手形の支払いのために預け入れておく預金。無利息が原則で、引き出しには必ず小切手や手形が使われる。

決済
約束手形や小切手が支払期日に支払われること。

手形交換所
手形・小切手を一定区域の銀行間で一度にまとめて交換し合って計算上決済する制度。700以上の交換所がある。

手形交換所規則
各交換所には、手形交換規則があり、加盟銀行間での支払いは必ず手形交換手続きによるなどの規則がある。

メリカに本部がある国際的な社会奉仕団体で、県とのつながりもあり、ここの一員であることは、社会的地位のある人にとって、ある種のステイタスでもある。

しかし、私が藤沢に赴任したころは、経営は少し悪化し始めていたのだろう、T社は、ある時、藤沢管内で、250万円ほどの不動産取得税の滞納を出した。通常のステップ通り、督促を出すが、税は納められない。催告するも、音沙汰なし。再三の催告にも梨の礫。そんなことが1年以上も続いていた。

事態もここまでになってくると、次のステップは差押えだ。ここまで来たら、差し押さえても、文句を言われる筋合いは、全くない。しかし、差し押さえるべき財産を探したのだが、なかなか見つからなかった。実は、ここには、不動産屋ならではの、ある特殊な事情があったのだ。

我々は、通常、差押えや課税などを行うとき、不動産物件の情報を、登記簿から探すのが常だが、不動産差押えの、対象となる物件を探すことは、これが、意外にも、非常に手こずるものなのだ。

通常、不動産取引が行われると、その不動産を買った人が、登記申請書を作成し、法務局に届け出て、登記官が処理をして、初めて登記簿に記載される。県税が法務局で調査し、課税要件を把握して、課税するまでに通常は3ヶ月、下手をすると6ヶ月近くかかってしまうこともある。しかし、不動産屋は、物件を売るのが商売。課税されたときには、もう既に売れているということがほとんどだ。つまり、県税に、滞納が発生するときには、その物件は既に所有権が移転してしまっている、ということが多いのだ。

この時も、やはり同じであった。探しても、探しても、差押えすべき不動産が残っていない。実際には、既に売れてしまっている。決算書の中にも見つからない。打つ手なし。

有力な情報は、当座預金のみだったのだ。当座預金には、常時600万円ほどの残高があった。T社の決済は、どんなに多くても300万円ほど。つまりは、差し押さえて、250万円を取り立てても、不渡りになる可能性はほとんどない、と判断できた。

催告は、再三にわたり1年以上。回答は全くなし。梨の礫。一方で、他の支払いは、余裕しゃくしゃくと、いい顔して払ってる。それなのに税は払わない。これは、理屈に合わない。大変な思いをして払ってる人との釣り合いがとれない。いくら、県のお偉方と、つるんでいようがいまいが、そんな勝手が許されるわけがない。これは、やむを得まい。不渡りを出しても自己責任だ。

そこで、南無三、当座預金を押さえた！

そして、250万円取り立てた！

早くも、当日の夕方、相手は動いた。

すごい剣幕で、本庁の人事課に、苦情の電話を入れてきたのだ。

「オレの会社を潰す気か！」

有力実業家からの、怒りの電話に、県の役人たちは、焦った、焦った。

大慌てで、本庁の税務課から、藤沢県税事務所に指示をして来た。

「ただちに、T社に行って、説明してきてください」

電話を受けた、当時の藤沢県税ナンバー2もこれに対して平伏。

「ははあ！ わかりました！ ただちに行かせます！」

夕方5時だ。T社の本社は、横浜市中区関内。藤沢県税から1時間近くかかる。正直頭に来た。こちらの都合も聞かずに。部下をなんだと思ってるんだ。

「じょうだんじゃない！ 5時過ぎに、わけもわかんない奴のところに、逆上してる人間のとこに、一人で行けとはどういうことですか！ 危険だと思わないんですか！ 私だからいいけど！ 大体、本庁に言われたぐらいで、ほいほい安請け合いしてどうするんですか！ こちらの都合も聞きもしないで、部下をなんだと思ってるんですか！ 自分で行くわけじゃないのに、ヘイコラヘイコラしかできないんですか！」

県税事務所所長は、知事から県税賦課《※ふか》徴収を委任されているわけで、本来は、本庁が命令できる筋合いじゃないのだ。

「今回は、あんたの顔立てて行くけど、2度とこんなことしないでくださいよ！」

賦課
ある金額の納税義務を課すること。

大体、おかしいじゃないか、正しいことをやってるのに。

そして、相手方に、早速アポのＴＥＬをした。すると。

「いやあ、今からじゃ困る。夜は用事があるんだ。明日にしてくれないか」

ということだ。

バカバカしいにもほどがある。


さて、翌朝、この件の担当者と一緒にＴ社に乗り込んだ。

応接室に通され、まず、びっくり！

なんと、そこには、社長だけでなく、某有力国会議員秘書までもが、同席していたのだ。

これは、一筋縄では行かなくなってきたかなあ…。

「てめえ、このヤロー、当座押さえてタダですむと思ってんのか！」

「しょうがないでしょう。あなたが、いつまで経っても税金を納めないんだから」

「納められれば納めるに決まってんだろう！」

「残高見れば、納められるじゃないですか。あなただけ優遇するわけに行かないでしょう。みんな努力して払ってるんですから」

「だからって、当座押さえていいと思ってんのか！　会社の生命線だぞ！　ふざけるな！」

「決済で３００万円以上残るのに、２５０万円の税が払えないわけないでしょう！　なんで払わないんですか！」

「ある程度の余裕ないと、危ないだろう！ つぶれたらどうしてくれんだ！」

「うちとしてはそんなことは認められない！ 何度も言ってるけど、あんたのとこだけ優遇するなんていうことはありえない！ まず税を払ってから、儲けを追求してくれ！ 本来なら、他の支払いよりも、税を優先して、しかるべきでしょう！」

「……」

「ちょっといいですか」

と、ここで、国会議員秘書が口を挟んだ。

「篠塚さんは、何回も、『払え』って話をした訳ですか？」

「そうです」

「1年以上？」

「そうです」

「文書も出した？」

「もちろん」

「それでも払わない？」

「そうです」

「約束もなにもしないんだ？」

「そうです」

「それで当座には金があるんだ？」

「そうです」

「……」

しばし、考えたあと、国会議員秘書が言った。

「じゃ、社長が悪いんじゃん」

「!?」

社長が唖然。続ける秘書。

「この人たちはしょうがないですよ。それが仕事だから、ほっとけないでしょう。当然、差し押さえるでしょう。そりゃ、最後の最後には、当座だって押さえるでしょうよ」

そして、

「悪いけど、社長、こんな話聞いてらんないですよ。私も忙しいですからね。これで失礼しますよ」

と、秘書はさっさと帰ってしまった。あっけに取られる社長。

しかし、社長も性懲りがない。しばらくしたら、やはり腹の虫が収まらないのか、また、ふくれっ面で騒ぎ出した。そして『裁判で争う』などと言う。

「どうぞ、ご勝手に、訴えてください」

するとどうだ、

「私は、ライオンズクラブで、知事とも顔見知りなんだぞ！ 月1回、定例会で顔を合わせるからな、その時、知事にお前のこと言うぞ！」

どうぞ、ご勝手に。

私もバカバカしくなって、早々にT社を後にした。

後日談は、私の友人から聞くこととなった。県の同期で、知事秘書となっていた男だ。

「T社の社長知ってる？」

「知ってるも何も、こないだ、ひと悶着あったよ」

「ライオンズクラブの会合で、お前のこと知事に言いつけてたよ」

ほんとに言ったのか。往生際が悪いなあ。

「なんて言ってた？」

「『お宅の職員で藤沢県税の篠塚ってやつはとんでもない奴ですな。滞納があったからって、当座を押さえたんですぞ。なんとかした方がいいですなあ』だってさ」

「そしたら知事は？」

「『ええ!? ライオンズクラブのれっきとした会員の方が、税金を滞納してるんですか？ そりゃあ、マズイですなあ。滞納してる方がマズイでしょう』だって」

「そしたら、社長は何か言ってた?」

「いやあ、何も言えなくなって、下向いてたよ、真っ赤な顔して」

さすが、神奈川県の知事だ。

勿論、私だって、そう簡単には当座は押さえない。

視点
確かに、当座預金の差押えには、慎重な決断がいる。いくらなんでも、ちょっとやそっとのことで不渡りは気の毒だからだ。しかし、これはそうもいっていられなくなったケース。最終手段には、十分な調査をした上で、これなら大丈夫と確信の上で踏み切り、解決することとなった。

○第19話

ヤクザ者から年賀ハガキ

長い徴税吏員生活のなかでは、幾度となく、悪質な業者と渡り合う場面があった。暴力団、右翼、ヤクザ者、また、それらと繋がりのある業者。当然のことながら、そうした連中には、納税の義務なんていう考え方は、はなっからないものであって、したがって、税金の支払い状況は極めてよろしくない。それゆえ、そういった連中との折衝が常につきまとったものだ。

そしてそのやりとりの中で、彼らは、ありとあらゆる脅迫の手段を使って、私に脅しをかけてきたものだ。恫喝くらいはまだ序の口。脅しの電話や、脅迫状、生命を脅かすかのような素振り、家族を巻き添えにするかのような言動など様々だ。

ただ、大抵は単なる脅しであって、彼らとしても実行する気なんてさらさらない。それはそうだろう、たかだか税金の事ぐらいでいちいち人殺しをしていては組員が幾らいても足りなくなるだろう。要は、脅しには毅然として屈しないことがいちばんではないかと思っている。脅しが通用しないと分かれば、相手もあきらめる。公務員にはめったに手出しはしないものだ。

相模原のOも相当にドスの利いた男だった。私と、相模原でやりあったその当時で60歳ちょい。見るからにヤクザ風で、右翼に通じ、貸しビル、飲食店、そして不動産会社などをいくつか経営していた。私はというと、その頃は、副所長として相模原に赴任していた。

普通、副所長ともなると、もう奥に引っ込んで、現場にはからまなくなるものだが、そこは変わり者の私、ここでも率先して現場を走り回り、Oとも正面から渡り合うこととなった。

赴任してすぐに気になったのが、このOの滞納だった。本税で２０００万円ほどあったが、その他に、延滞金だけで２０００万円近くになっていたのだ。延滞金だけでここまで行くのはなかなかない。要するに20年間、本税だけは納めて延滞金を納めずに来た、そのつけが、ずーっと、溜まっていたのだ。ずるずるずるずる20年間である。もちろん県税側も悪い。だらだらと早く手を打たないからこんなことになるのだ。

「こんなのダメだ！　延滞金をすぐ納めさせろ！」

担当職員一喝。早速、通知を出させた。同時に、差押物件をあたらせたが、見つけだせない。全くありません、ということだった。そんなわけはない、と思うのだが、困ったものだ。そこで、この案件は、一度、暗礁に乗り上げることとなった。

しばらくして、私を刺激するもう一つの出来事があった。それは、別の県税事務所、新潟県税事務所から訪ねてきた職員が持ち込んだ。彼ら遠来の客は、県※外出張で相模原まで来ていたのだ。

「相模原市のOさんですが、差し押さえたいんですが、何かありませんかねえ？　相模原県

※同じ滞納者が、新潟県でも事業をしていて滞納したということ。

税さんの方で何か情報持ってませんか?」

「いやあ、こちらでも探してるんですが、見つからないんですよ。そちらでは一体どうしたんですか?」

「いえ、ちょっと大きな滞納がありましてね、差押物件探したんですが、小田原銀行の相模大野支店に700万円ほどの口座を見つけて、それは押さえたんですよ。ただ、まだ足りなくて、他のもの探してるんですがね、見つからないんですよ」

この言葉にカチンと来た。もちろん遠来の客にではない。相模原の、ウチの職員にだ。一体ナニをやってるんだ! 新潟からでも口座を見つけてるのに!

「お前ら一体何やってたんだ! ちゃんと調べろ! もう一度探せ!」

口座ぐらいは見つからないわけはない。結局、彼らは私に嘘をついていたのだ。ただ、そこにも理由はある。以前に、担当職員が、Oとの折衝中に、Oに胸ぐらをつかまれて、Yシャツが破かれるという事件があった。それ以来、みんなOに恐れをなしていたのだ。運悪く担当になっても、何もしないのが一番、触らぬ神に祟りなし、というムードがすでに出来上がっていた。そのまま何年間もほっておかれたのだ。

しかし、私が来たらそうは行かない。今度は資産調査を徹底させた。決算書、住居・営業所等の不動産、銀行の担保、一つずつシラミ潰しにあたらせたところ、相模原市に不動産物件を見つけた。やはりあった。これを、早速、差し押さえさせた。12月も下旬、暮れのあわただしい時期だった。

Oが怒鳴り込んでくるまでに、数日は要さなかった。案の定ものすごい剣幕。ロビーで大声を出し始め、他の来客に迷惑をかけるので、所長室に通して、折衝、というよりも怒鳴りあいが始まった。

「何しやがんだ、このヤロー！　あれは、銀行の担保に使ってる。このままだと融資が受けられねえだろう！　ウチをつぶす気か！　すぐ解除しろ！」

「そんなのこちらの関知することではないですよ。滞納を続けるんなら、ウチはウチで当然やりますよ」

「ナニを、このヤロー！　偉そうに言いやがって。貴様オレをナメてんのか！　つぶれたらテメーのせいだぞ！」

「そちらがつぶれたとしても、それはあなた方の経営責任でしょう。こんなに溜まるまでほっておいた、そちらが悪い」

「今まで20年以上滞納してるけど、こんなことは一度もないぞ！　お前が来てから、職員の態度が急にでかくなりやがった。厳しくしやがって、何でだ！　このヤロー！」

「私のやってることの方が正しいんですよ。これが本来の我々の業務ですよ。税金を払うまで解除はできませんね。しごく当たり前のことですよ。これが正当ですな！」

「今まで大変な思いして払ってんだろうが！　さっさと解除しろ！」

「延滞金は？　延滞金を払ってないでしょう。これも払わないと解除には応じられないですねえ。今までそちらは得してきてるんですよ」

攻防は続く。相手はスーツの子分を2～3人引き連れてきていた。こちらは担当職員と私とそれから課長との3人。担当職員は女性。Oは我々の一番弱いところを、女性職員を標的にして、脅し文句を言ってくる。ここがまた彼らのずる賢いところだ。怯える担当職員。

「彼女でなく私に、私に向かって言ったらどうだ！　私が全部命令してやらしてるんだから」

「やっぱり、お前が命令してるんだと思った！」

「そうだよ、オレが命令してるんだよ」

すると今度は、作戦を変えてきた。

「オレが右翼の関係者であることは知ってるよな？　このままだと、表通りに、街宣車がバーっと並ぶことになるぞ。相当にぎやかになるだろうなあ」

「こちらも、あんたと事を構える前にちゃんと警察に相談してるんだよ。何かやらせれば、警察も動けるから、いっそのことなんかやらせちゃえば、って言ってたよ。おまわりさんたちがね」

手を変え品を変え、脅し文句は続く。

「お前の住所、平塚だよな。いい家に住んでんじゃねえか。奥さんと子供がいるよな。子供はまだ中学生だろ。柔道部だってな」

ドラマさながら、本当にそんなことを言ってくるものなのだ。お前のことは全部調べてある、そう言いたいのだ。そんな手間をかけるくらいなら、さっさと払ってしまえばどうだろうか。

「それで脅してるつもりか。オレは脅しには乗らないよ」

「別に事実を言ったまでだがね」

「やりたければやればいいだろう。なんかあったら、オレは警察と相談するまでだ」

万策尽きたか、押し黙るO。仏頂面のまま、ぶつぶつぶつぶつ何事か言う。

「くそう、年末の金の忙しい時期に…」

頑として引かない私に、ついに相手もあきらめたのだろう。これ以上脅しても、こいつには通用しないと悟ったようだ。

いきなり足元の鞄を引っつかんだと思うと、中から札束を取り出して、思いきり机にたたきつけた！

「バカヤロー、取りやがれ！」

バチーン！

県税事務所中に響き渡るかと思うくらいの凄い音だった。よほど悔しかったんだろう。

札束は1000万円ほどあった。Oは所得を自分自身、法人、奥さん、従業員と巧妙に分けて申告していた。もちろん本当は全部O一人のものだが。我々が押さえた物件は、法人名義のものだった。そこで、解除させるために、法人分の1000万円をとりあえず持ってきていたのだ。どうやら、Oはその不動産を誰かに売却するところだったらしい。それを、県税が押さえたもんだからカンカンに怒ったようだ。なんとか解除させたいと焦っていたのだろう。納税さえすれば、一発で解除されるのに。

職業柄、ヤクザ者に脅されるということはままあった。ただ、そのほとんどは単なる脅しであって、脅しで言ったことを本当に実行されたことは一度もない。相手も、一般人相手にいちいち実行するような、無駄なことはしないのだろう。こちらが毅然としていれば、脅しは通じないのだと、最終的にはあきらめることがほとんどだ。脅しをいちいち真に受けて、恐れをなしていては、我々の仕事は務まらない。私なんかは、一歩、県税事務所を出れば、頭を切り替えて、仕事のことは忘れる。「そろそろクロダイが釣れる頃かな」なんてことを考えて、あまり気にしないように、自分に溜め込まないようにしてきた。それが秘訣だったように思う。ただし、家族には、心配させぬよう、ほとんど仕事のことを話せない、という苦労もあったが。

Oが滞納分を支払って、それから数日はつつがなく過ぎた。正月休みに入り、やっと自宅でのんびり過ごす日々。Oと喧々諤々とやったのは、まだほんの数日前、正月くらいはおせちでも食べてゆっくりと過ごしたいものだ。

1月1日、届けられた年賀状に目を通していた妻が、なんだか不審げに一枚の年賀状を差し出した。

「あなた、この年賀状何かしら？」

「え、どれどれ？」

差し出された1枚の年賀状。表面は私の住所・氏名、これは当たり前だ。裏面にひっくり返して、さあ、びっくり！　ただ、1行、

「O」。

でかでかと名前だけ書いてある。

「お前の家は知っているぞ」

そういう意味か。

いやはや参った、参った、正月まで脅されるとは思わなかった。妻になんて説明すればいいだろうか…。

視点

ヤクザ者は一般的にありとあらゆる脅し文句を駆使してくる。しかし、彼らにとってそれは、常套句みたいなもので、ただの脅し文句にすぎないことも多い。加えて、実は、公務員に対する暴力は、一般人に対する暴力より罪が重いという規定がある。暴力や脅しには屈せず、職務を遂行することが、時には必要だ。

○第20話

国会議員には逆らえない!?
駐車場夜間開放事件

これは、今までお話してきた、滞納整理の事案とは違う。だけど、この本でも一貫して取り扱ってきたテーマの一つ、役所の体質を象徴するかのようなエピソードであり、私が所長として赴任した川崎市内のとある県税事務所時代に起きた出来事だ。国会議員が、地方で、いかに好き勝手やっているか、そして、それに対して、いかに県が弱腰なのか。そんな話だ。

私が県税からの退職を数年後に控え赴任した、川崎市内にあるその県税事務所は、神奈川県の「ＳＬ川崎」という労働福祉施設と併設になっていた。ここには、中・小会議室が揃っていて、中小企業や福祉団体なんかが、利用申し込みをすれば、その会議室を使うことができる。

ただ、公的施設なので政治活動には使えない規則になっていた。

ところが、この規則を全く無視して、毎度のように使っている政治家がいた。しかも国会議員。衆院議員のＸ氏という人物だ。

Ｘ氏は、支援者をまとめ、活動報告なんかをやるときに、ＳＬ川崎を頻繁に使っていた。会合が行われたのは、大抵、夜。その際に、来場者のほとんどは、車で会場まで来ていた。ところが、ＳＬ川崎には駐車場がなかったので、結果、やむなく県税の駐車場を使わせている、という状況になっていた。県税のほうは、夜間の滞納整理もあるので、夜も動いて

※現在の議員とは無関係である。

いたのだが、そのため、駐車場内では支障が生じるようになっていた。

ここまでは、まあ、大目に見るとしよう。

ところが、いちいち駐車場を借りに来たりするのが、段々、面倒になってきたのだろう。ある時、X氏本人が、所長である私のところに電話をかけてきて、

「夜間は、県税の駐車場を開放しろ」

と、言ってきた。

これまでも、ここだけに限らず、県税の駐車場を夜間は開放して欲しい、なんていう要請が来ることがあった。例えば、付近住民などからだ。そのため県は、こういう要請に対処するため、前々から方針を決めていた。

それは、次のようなものだった。


県税事務所では、夜間の滞納整理で車の出入りがある。

したがって、基本的には開放はしない。

開放するのであれば、県税の車と、一般の車とが分けて使えるように、別々の出入り口が必要。

これがなければ仕事に支障をきたしてしまうので、開放はできない。

また、当時は、開放するのに費用がかかる場合は、開放しないという内部規定があった。

この県税事務所の駐車場は、出入り口は一つ。したがって、右の方針に従うなら、開放はしないということになる。ならば、答えは一つ。

「開放は、今は無理ですね」

至って普通に答えた。

ところが、Xは、これにいきなり激憤。

「てめえ！ オレが言ってんのに出来ないって言うのか！ このバカもんが！」

と、来た。

私も、頭に血が上る。

「あんた、いくらなんでも、その口の利き方はなんだ！ 誰に口利いてんだ！」

「ナニ～！『あんた』だって!? てめえふざけやがって！」

「ちょっと待て！ その前に、あんたオレに何て言った？「このバカもんが！」とはなんだ！ 国会議員だからって、なんでも通ると思ってんのか！ それぐらいで、何威張ってんだ、このヤローー！」

「このヤローだって!? お前なんか、居られなくしてやるぞ！ クビにしてやるからな！」

と、来たもんだ。

「ああ！ どうぞ、好きなようにしたらどうだ！」

神奈川県ともなれば、そんなバカバカしいことで、クビにするようなことはできないし、しない。

大体、あんなのが、国会議員としてのさばっているとは、全くもって信じられない。

その2～3日後、副知事から県税に、突然、電話があった。

「篠さん、X氏とケンカしたろ？」

ああ、おいでなすった。

「ああ、やりましたよ」

「先日Xが、私のところに来て、苦情を言ってたよ」

「向こうが苦情を言うようなことじゃないと思うんですけど」

「はっは。篠さんらしいやね。今回の件、篠さん絶対に引かなくていいよ」

「もちろん、引いたりしません」

そう言ってもらえると、多少は気持ちが治まる。

ただ、副知事は、相手X氏には、

「あいつは頑固者ですからね、どうしようもないですよ。先生、待ってください、次の異動のときは、間違いなく転勤させますから」

とでも、言っていると思う。多分、間違いない。

しかたがない、そんなところなのだ、役所とは。

さて、その年の4月1日、結局、私は、ここを去ることになった。

やはり、と言うべきなのだろうか。

案の定、私がいなくなってすぐさま、この県税事務所の駐車場は夜間開放されることになった。

長年、住民が要望して来てもダメだったのに、国会議員の都合で一発だ。

何かが間違っている。そう思う。

弱者の身になって汗を流す、なんていう気はさらさらない。いつでも強いものの言うことを、ほいほい聞いては優遇する。自分の立場が危うくなるようなことまでは決してしない。

しかたがない、そんなところなのだ、役所とは。

さて、その4月1日、私はというと、新しい赴任地、相模原県税事務所へと向かうこととなった。

心機一転、気持ちを新たに、がんばりたいものだ!

私の住む平塚から相模原へは、藤沢で、小田急線に乗り換えて北上する。

恐らくは、次の相模原が私の最後の赴任地となるだろう。公務員の世界では、そういったことは大体予想がつくものなのだ。

そして、そこで私は、私が生きてきた古い世界に別れを告げ、新しい舞台へと大きく飛び出すことになる！

まだ、漠然とはしていたものの、その次の人生、今の私の生き方へと続く道筋を、胸の中では、はっきりと抱いていたのだ。

転勤することになった理由など、今さらどうでもいい。尽きせぬ思いとともに、私を乗せ、小田急線は走った。一路、北へ。一路、相模原へ！

視点

いうまでもなく公務員は権力に弱い。今にはじまったことではない。権力を持てる者も、それが当たり前と思っており、自分のいうことはなんでも通ると思っている。こんなことが、良い組織を作るわけがない。税金が、国保が、年金が大変なときに、これでいいのだろうか。そろそろ目を覚ますときではないだろうか。

あとがき

税は、すべての人に公平である。
※法の定めるところにより、全ての人に公平に課せられるものであり、そこに理由のない優遇があってはならない。
理想を言えば、納税者による理解のもと、自主的な納付ですべて納められるのであれば、問題はない、公平性は実現される。しかし、残念ながら、世の中はそういう風には出来てはいない。税を納める能力がありながら、確信犯的に納めない悪質な滞納者が一部にはおり、後を絶たないのだ。納めなければいけないことを知りながら…。

ホテル王Mはうそぶく。

「支払いは引き伸ばせ、出来ることなら踏み倒せ」と。

パイラーKは、東京湾を指差して凄んだ。

「あんた、あそこに浮かびたいのか」。

ボクシングジムの会長は白を切った。

「忘れたね」と。

ヤクザ者Oは凄んだ。

「お前の住所、平塚だよな?」。

※
税を新たに課す場合、又は変更する場合には法律又は法律の定める条件によることを必要とする。

権力者が、勝手に又は好みで不平等に税を徴収したりすることが出来ないようになっている。憲法84条・租税法定主義。

なかでもこういった面々は、滞納額も高額になることが多く、常習犯においてとりわけ目立つ存在であり、常に我々の頭を悩ませ続ける。

徴税吏員のなかには、彼らに対して尻込みをする者も多く、貴重な税収をみすみす逃してしまっているという現実がある。そして、役所の事なかれ主義がそのことを後押ししているのだ。

これでは、税の公平性は実現できない。

なすべき処置をせず、本来徴収すべき税を、時効により湯水のごとく債権放棄しているのが実態であり、これは主権者である住民を裏切る行為である。

抵抗力の強い悪質な滞納者を放置しておいて、もの言わぬ住民だけから徴収していては、職務怠慢のみならず、徴税吏員としての誇りも自信も持てないであろう。

住民の理解を得、自主的納付を促し、悪質な滞納者にはしかるべき処置をとり、そして弱者には手を差し伸べる。これらのことは、税の公平性を保ち、本来の税収を確保し、公共の福祉に帰す上でいかに重要なことか。

とりもなおさず、年金問題、国保財政、消費税率引き上げ等々、現代に山積するあまたの問題に一石を投じるものであると、私は確信する。

取るほうも、取られるほうも、納得ずくで気持ちよく運営される徴税システム。この本が、その実現の一助になればと、願ってやまない。

出版するにあたっては、多くの方々からご指導とご協力を得た。特に、社会保険出版社　有泉さん、アドプラナ　伊大知さん。心からお礼を申し上げる。

最後に、いつも私を支えていてくれる家族にこの本を捧げる。

篠塚 三郎（しのづか　さぶろう）
徴収アドバイザー

昭和15年 茨城県生まれ
昭和41年 神奈川県に入庁、鶴見県税事務所に配属
昭和59年 自治大学税務専門課程特別コースを修了
昭和60年 藤沢市、茅ヶ崎市、寒川町の職員研修に講師として参加
　神奈川県職員研修の講師を歴任
昭和61年 高額滞納整理の実績により知事表彰を受賞
平成３年 城下先生の研修に悪徳滞納者として出演
平成４年 川崎市の職員研修の講師を担当（一般職員）
平成５年 第一回自治省税務局長表彰受賞。川崎市の職員研修の講師を担当
　全国地方税務職員研修で徴収部門の講師を担当
　横浜市職員研修（納税関係）の講師を担当
平成６年 熊本県職員研修、横須賀市職員研修の講師を担当
平成７年 熊本県から続いて依頼あり。小田原市他の職員研修の講師を担当
平成９年 戸塚県税事務所長として着任。横浜市職員研修の講師を担当
平成11年 自治大臣表彰受賞。相模原市、相模湖町職員研修の講師を担当
平成12年 相模原県税事務所を勇退
　税理士業を開業（主に徴収アドバイザーとして活動）
　全国地方税務協議会主催の研修で徴収部門の講師を担当、以後毎年依頼を受けている。各都道府県、市町村、一般税の研修講師として活動。
　国民健康保険税（料）についても各県及び国保連合会主催の研修に講師として参加。国保中央会発行の月刊誌に滞納整理実戦論を連載中、各県の月刊誌に寄稿
平成13年 上記と同様に活動
平成14年 上記の活動以外に国民健康保険中央会主催「全国町村国保主管課長研究協議会」のシンポジウムに助言者として出席。好評活動中。平成13年より神奈川県職員の簿記研修の講師を受任
平成15年 自治大学講師
平成16年 著書『滞納整理の実戦論』を出版
平成17年 株式会社 全国地方税徴収実務機構設立
　熊本県内４市、大分県内２市、広島県内３市、神奈川県内２市、栃木県内３市と徴収アドバイザー契約を締結
平成18年 国保新聞に滞納整理の実戦論を連載
　テレビ東京系「ガイアの夜明け」に出演

納めざる者たち

悪質高額滞納者と徴税吏員との攻防365日！

2006年10月1日　初版発行

著　者　篠　塚　　三　郎

発　行　株式会社 社会保険出版社

本　　社　東京都千代田区猿楽町1-5-18
〒101-0064　電話03-3291-9841（代）
大阪支局　大阪市中央区南船場2-12-10
電話06-6245-0806
九州支局　福岡市博多区博多駅前3-27-24
電話092-413-7407

印刷　大日本印刷株式会社

ISBN4-7846-0213-5　C0030
定価はカバーに表示してあります。